让孩子像孩子一样长大

安中玉 / 编著

吉林文史出版社
JILIN WENSHI CHUBANSHE

图书在版编目（CIP）数据

让孩子像孩子一样长大 / 安中玉编著 . -- 长春：
吉林文史出版社，2023.5
ISBN 978-7-5472-9148-1

Ⅰ . ①让… Ⅱ . ①安… Ⅲ . ①儿童教育－家庭教育
Ⅳ . ① G782

中国版本图书馆 CIP 数据核字 (2022) 第 196641 号

让孩子像孩子一样长大
RANG HAIZI XIANG HAIZI YIYANG ZHANGDA

编　　著　安中玉
出 版 人　张　强
责任编辑　张雅婷
封面设计　郑金霞
出版发行　吉林文史出版社
地　　址　长春市净月区福祉大路 5788 号出版大厦
印　　刷　天津海德伟业印务有限公司
开　　本　640mm×910mm　　1/16
印　　张　12
字　　数　113 千
版　　次　2023 年 5 月第 1 版
印　　次　2023 年 5 月第 1 次印刷
书　　号　ISBN 978-7-5472-9148-1
定　　价　69.00 元

在这个世界上，每个孩子都是与众不同的独立个体，本就该遵循生命的天性和成长的规律，像孩子一样慢慢长大。身为父母的我们，放低姿态，放平心态，保持初为人父、人母时的"初心"，让孩子健康平安，快乐无忧地长大成人。

对父母而言，让孩子顺其自然地长大，说起来容易做起来却有点困难。有各种担忧和不放心，家长总不能放下成人的思维模式，要么认为孩子在浪费时间，要么觉得他们无理取闹。如果你正面临这样的困境，或有同样的烦恼，读一读《让孩子像孩子一样长大》这本书，或许能给你一些启发。

本书分为七章，分别从亲子沟通、敏感期观察、习惯养成、学习兴趣、亲子陪伴、放养方式、亲子信任等七个方面阐述了顺其自然养育孩子的技巧和实用方法。每一小节中都有贴近生活的案例分析，和具体详实的操作方法。

在第一章中，笔者提出了慢养的理念，建议家长们在与孩子的相处过程中，不催促、不嘲笑、不发火，慢慢等待孩子经历自我成长的阶段。

第二章关于儿童敏感期分析，希望给您带去切身的帮助。孩子每个时期都有不同的性格特点，相应的便会有不同的引导方法，有针对性的教育才能取得事半功倍的效果。

第三章和第四章，分别从生活习惯和学习习惯的养成方面，给您介绍一些方法，让孩子自由与规矩相融合，玩耍与学习同步走。

第五章中所提到的亲子陪伴，并非是跟孩子待在一起，或共处一室，而是要有真正的沟通，要与孩子产生共情。

与前面所说的慢养一样，第六章的放养也是近年来最新的教育理念，"放"不是完全不管，而是设定更为宽泛的边界，给孩子们更广阔的奔跑空间。

而最后一章，关于孩子闯祸的问题，这可能是很多家长最头痛的事情。不论是老师的约谈，还是其他小朋友的告状，可能都会让你特别恼火，有没有好的方法来解决"熊孩子"们的闯祸问题呢？当然有的。

这一章就从十个方面有针对性地进行了系统的讲述，主要是对孩子的父母们提出了一点点要求，让"闯祸"孩子的父母们从"闯"的思路中转变出来，从孩子的真实情感出发去了解真相，理解所谓的"闯祸"。其实，世上本没有闯祸的小魔王，只是大人的规矩多了，自由的童心被变了性。

十年树木，百年树人。无论是小树还是孩子，都有着自己的生长节奏，家长只需从容、淡定地站在他们的身后，放慢自己的脚步，跟随他们一起欣赏沿途的美景。希望每一位家长都能通过本书看到自己身上隐藏的问题，挖掘出孩子身上闪闪发光的优点。愿每一个家庭的孩子，都能按照自己的成长步伐，慢慢地长成独当一面的参天大树，也祝愿每一位家长在陪伴孩子的道路上遇见更好的自己。

第一章

慢一点儿，让孩子像孩子一样长大

养育孩子就像一场马拉松比赛，起跑时跑在第一位，并不意味着终点冲刺时也是第一位。相反，慢一点儿，在奔跑的过程中不断修炼、坚持到底、永不言弃的人才是人生的最终赢家。

1. 慢养，让孩子从容长大

随着社会的快速发展，科技的飞速进步，每一个人都在茫茫人海中加快向前的脚步，仿佛稍微慢一点儿，就会被遗忘在时代的角落里。当人们匆匆忙忙前行时，孩子成长的脚步也在不知不觉中加速了。原本肆意奔跑的年龄却端坐在早教班里听课，原本挖泥巴的双手却不情愿地捧着书本。

当然，父母的忧虑也是来自于竞争激烈的现代社会，如果孩子慢一点儿，长大后怎么争得过别人呢？会不会一步慢、步步慢呢？

其实，这种忧虑是多余的。孩子的身体、智力、性格、品德不可能是快速形成的，需要慢慢成长，慢慢培养，逐渐磨砺。

可能很多家长会说，我认同"慢养"的理念，但怎样做才算是"慢养"呢？

第一，顺应孩子身心发展的规律，不急于求成。

美国心理学家格赛尔曾做过一个著名实验：让一对同卵双胞胎进行爬楼梯训练，一个宝宝从 48 周开始每天进行十分钟的爬楼梯练习，另一个宝宝则从 52 周开始进行同样的练习。结果 48 周开始训练的宝宝用了 6 周时间学会爬楼梯，而 52 周开始训练的宝宝只用 2 周就学会了爬楼梯。

这个实验表明，孩子需要到了一定年龄去学习相应的能力，提前学习的效果可能并不好，也不一定能达到预期的效果。所以，家长们不要着急，要根据孩子的身心发展规律来培养孩子。

第二，学会等待，孩子自己会破茧而出。

有这样一个小故事，小男孩在野外捡到了一个蛹，就把它带回家养着。几天后，男孩发现蛹上裂开一道缝隙，一只小蝴

蝶在里面苦苦挣扎了好久却出不来，男孩出于好心，便将那道裂缝撕得更大一些，可爬出来的小蝴蝶翅膀干瘪无力，根本无法飞起来，结果没几分钟就死掉了。

这个故事中小男孩急迫的心情，可能跟很多家长在教育孩子时急迫的心情是一样的。我们想让孩子快一点儿成长，结果却帮了倒忙。不如坐在一旁，静观其变，给孩子多一些空间和时间，让他们慢慢绘制自己的人生蓝图。

慢养，能让孩子从内到外都是最真实的自己，也能让孩子稳扎稳打走好每一步，更能让孩子从丰富的实践中获取源源不断的力量，来应对人生中各种各样的难题。

2. 不催促，做有耐心的父母

经常会有父母抱怨：孩子越长大就越磨蹭，早上赖床，怎么叫都不起；吃个简单的早餐要吃很久，一点儿也不着急；半个小时能完成的作业硬花了两个小时；晚上睡觉时间到了，说了半天也不睡……

这是大多数父母的无奈，也是心头痛，为了应对把磨蹭当家常便饭的小朋友们，很多父母选择了不停地催促，然而收效甚微，甚至让很多孩子磨蹭、拖沓的毛病变本加厉。

对于孩子而言，天性就是无忧无虑地玩耍，对于"玩"以外的事情，他们内心深处是不以为然的，甚至存在着一定的抵触心理。身为父母，怎样做，才能在顺应天性的前提下将孩子领上人生的航程呢？

第一，站在孩子的角度理解他们，让自己更加淡定。

早在两千多年前，孔子就说过"己所不欲，勿施于人"，这句话同样适用在亲子教育上。试想，当我们还是孩子的时候，是不是也是很磨蹭，也不愿意学习；当我们周末休息的时候，是不是也想赖床；当我们工作遇到难题的时候，是不是也想甩手不干了。如果是这样，那么孩子只是童年阶段的我们而已，理解他的行为，等待他慢慢长大，绝大多数问题都会迎刃而解。

其实，更多时候，换位思考，从孩子的角度出发，你会发现，孩子其实可以更出色地完成各项任务，只要他们是愿意的。当我们将"嘿，你快点儿收拾好玩具！"换成"宝贝，妈妈陪你一起，我们用二十分钟来收拾玩具吧"。这个时候你会发现，孩子会乐于做这件事，并且会加快速度。因此，我们需要做的就是从容淡定，理性思考，从孩子的角度来理解他们，跟他们沟通。

第二，给予孩子更多的体验时间，提升学习、生活效率。

牛牛是个一年级的小学生，他每天早上七点准时起床，晚上九点准时上床睡觉，很多人都以为这是妈妈给他制定的作息时间。然而，询问过后才知道，这是牛牛自己形成的生物钟。

　　他的妈妈说，我每天只给他准备饭菜，其他事情都由他自己规划。牛牛每天放学回家，第一件事不是写作业，而是出门去骑心爱的小车子。然后回来写作业、吃饭、看书、睡觉，妈妈从来不打乱他的节奏，让他按照自己的计划做事。

　　其实，孩子完全可以按照自己的习惯来规划生活和学习，那么家长又何必纠结，孩子几点写作业，几点出去玩呢？作为父母，不如将催促改为观望或者陪伴，只给孩子安排"框架式"的计划，如告诉孩子几点吃晚饭，几点必须上床睡觉，剩下的细节由他自己填充，只有这样，孩子才能在痛快的玩耍中，同时高效地完成各项任务。

任何外来事物对于孩子而言，都需要一定的时间和精力去消化和吸收，尤其是他们并不在行的事情，一味地催促只能让孩子更加厌恶，产生逆反心理。

不催促，让孩子自己规划时间，站在孩子的角度考虑问题，及时给予鼓励，给出正确的反馈，让大家能够在漫长的时光岁月里，享受彼此之间短暂的相处，让孩子的生活多一些美好和愉悦。

3. 不嘲笑，尊重孩子的梦想

每个小朋友的梦想都不同。有人想成为科学家，也有人想做保持环境卫生的清洁工。成为科学家往往被家长们引以为傲，认为自己的孩子很有出息，志向远大；成为清洁工则会被指责嘲笑，甚至说孩子没有出息。事实上，这些稚嫩而天真的想法只是孩子们内心最真实的想法而已，有的梦想确实很伟大，有的则朴实无华，但在孩子的世界里，只要是梦想，就值得被鼓励和尊重。

第一，仔细倾听孩子的每一句童言，认真对待。

从儿童心理学角度出发，梦想是孩子自我形象的理想化。

鼓励孩子追梦，他就会产生强劲的内驱力，面对各种困难也会主动想办法去克服。

孩子小的时候，对于父母的依赖非常强烈，会主动同父母分享自己的想法，所以，你是不是有同感，身边的小娃娃每天总是叽叽喳喳说个不停。这个时候，身为父母的我们只要认真倾听，积极回应就够了。对于孩子而言，梦想是没有好坏之分的，也没有对与错。

爱迪生从小就很热爱科学，有一次他看到母鸡孵蛋，就很好奇地问妈妈，为什么母鸡要趴在鸡蛋上面。妈妈耐心地把原因告诉他，有梦想的爱迪生可不只想知道原因，他更想亲自试一试。于是从家里拿出来几个鸡蛋，找到一个僻静的地方孵蛋，到了晚

上，家里人都不见他回来，便焦急地四处寻找。结果在角落里找到了正在一动不动孵蛋的爱迪生，妈妈破涕为笑，不仅没有责骂他为何不准时回家，还认真地开始跟他讲解孵蛋的要领。

一个简单的想法，或者一句看似玩笑的话语，往往是孩子梦想的开始。我们只要安安静静地倾听他们真实的想法，让孩子有更多的勇气，成为那个敢于追梦的人。

第二，尽最大努力，让孩子接触梦想相关的事。

巴西作家保罗·柯艾略的《牧羊少年奇幻之旅》中有一句话："一路上我都会发现从未想象过的东西，如果当初我没有勇气去尝试看起来几乎不可能的事，如今我就还只是个牧羊人而已。"

事实上，孩子一旦提出自己的梦想，或者显示出某方面的特性，这就说明，孩子对这些东西有着浓厚的兴趣，这便是一个好的开始。即便这些梦想不在自己的规划范畴之内，或者有些与众不同，作为家长的我们，也应该创造更多的机会，让孩子去多多接触，多多参与。或许在未来的某一天，你就会发现孩子真的可以通过自己的努力，在他梦想的领域独树一帜。

身为父母，我们能做的和必须做的就是小心翼翼地去呵护孩子的梦想，让他们成为梦想中的自己，让他们对梦想坚信不疑，让孩子能从我们这里获得勇气、信心和力量。

4. 不发火，有事慢慢地说

　　曾经有一位老师组织家长会，讨论孩子写作业慢的问题，家长的反应都很激烈。有的家长说，我知道不能发火，但看到小孩那个拖延的样子，我就忍不住；有的家长说，教了很多遍还是不会，我实在忍不住了；还有的家长说每次发了脾气就很后悔，但事到临头仍旧忍不住。由此可见，做一个不发脾气的家长确实是一件很难的事情。

　　但让我们来转换一个角度，当你发火后，大声责骂后，孩子改掉了拖延的习惯吗？孩子很快就学会了吗？如果答案是否定的，那我们的发火岂不是毫无价值！其实，大家都知道愤怒解决不了任何问题，愤怒只会让我们与孩子渐行渐远。甚至，有些脱口而出的伤人的话，会像一把尖刀，在孩子的心灵上刻下无法抹去的伤痕。

　　第一，以爱之名，不发火。

　　《超级演说家》里提过这样一句话："你满嘴是爱，却面目狰狞。"是啊，我们明明那么爱孩子，那么希望他过得快乐、幸福，可为何控制不了自己的负面情绪，非要把爱的语言，说得面目狰狞呢？

为了避免让孩子成为受害者，当孩子犯错的时候，我们首先要做的就是调整自己，数个数、深呼吸或者喝杯水，先处理自己的情绪，就事论事，少拿自己的孩子与他人比较，少一些数落，少翻旧账，用"我看到、我希望、我感觉"开始彼此之间的对话，把我们的火气扑灭在萌芽状态。

　　第二，保持童心，让游戏成为放松情绪的智慧之匙。

　　我身边有一位非常明智的爸爸，他每天上班都很忙，家中大小事务全都依靠妻子。有一天他的妻子跟他抱怨："儿子每天放学回来换鞋的时候都不摆好，说了无数次都不管用，今天我实在是忍不住了，把儿子吼了一顿。"听完妻子的抱怨后，爸爸就对妻子说："好了，你别生气了，这件事情交给我来处

理。"第二天，他找到儿子，轻声细语地对儿子说："儿子，爸爸经常回家很晚，看不到你，不知道你现在的状况，我们能不能做个约定，如果你回家后，把鞋子摆得整整齐齐的，爸爸就收到你发出的信号了，就知道你今天很棒！"儿子高兴地答应了，从那以后，他的鞋子一直摆放很整齐。

与孩子的沟通，最好的方式就是让自己保持一颗童心，用孩子的方式来思考，用做游戏的方式来沟通，这样不仅能够让孩子更好地遵守规则，也能让自己的情绪得到更好的放松，让他们慢慢地建立起良性的循环，慢慢地成长。

5. 不挑剔，多给孩子关爱与欣赏

很多家长在孩子还未出生时，就规划好各种教育方案，期望自己的孩子成为一名优秀的人。然而，伴随着孩子第一声啼哭，一个崭新的生命就此降临，这也意味着父母要去面临各种挑战，解决各种问题。

孩子的成长并非一帆风顺，突如其来的"惊"和"喜"见证了孩子的成长，他们就如同一棵小树苗，在长成参天大树之前深埋根基，表面上看不出任何变化，但却逐渐经得起风吹雨打。作为家长，如何做才能让孩子按照既有规律一步步向上生长，活出精彩人生呢？

第一，多一些关心，少一些偏见。

曾经的美国总统富兰克林·罗斯福，小时候因患脊髓灰质炎而导致牙齿参差不齐，走路一瘸一拐，一直都不太自信。

有一天，他的父亲从邻居家拿了一些树苗让孩子们每人栽一棵，并许诺，谁栽得好就给谁送一件礼物。罗斯福看看兄弟姐妹们欢快浇水的身影，心里不是滋味，就默默地祈祷那棵树早点儿死掉。这一小心思被父亲发现了，于是父亲便偷偷地给罗斯福的小树浇水施肥，没过多久，小树就长出了嫩绿的叶子，

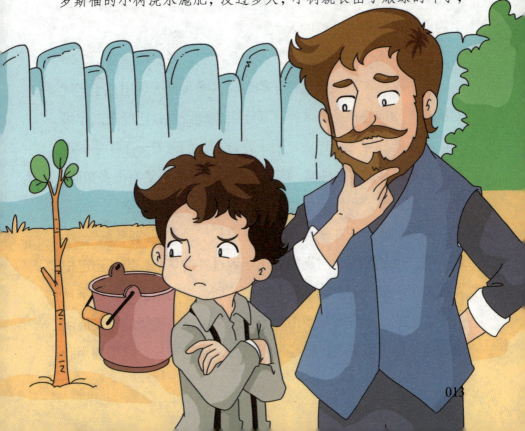

并且，相比其他兄弟姐妹们的树，罗斯福的小树长得更好，显得更有生机。对此，父亲也兑现了承诺，为他买了礼物。

但是罗斯福一直搞不明白其中缘由，直到一天晚上，他躺在床上看着窗外，一个熟悉的身影正在给自己的小树苗施肥，他才恍然大悟。原来，父亲一直在偷偷照料着他的小树苗，亦如对他的关爱。也正是如此，罗斯福内心发生了巨大的变化，自信油然而生。

孩子成长最需要的是关爱，仅仅一杯清水，就能让不起眼甚至是濒临枯萎的生命之树枝繁叶茂。摒弃偏见，给孩子多一点儿关心，就能让孩子们在成长的过程中不受边界限制，在自由的土壤里开启天才般的人生。

第二，不"小题大做"，少一些挑剔，多一些欣赏。

牛牛妈妈在谈及自己孩子的时候，多少会表现出过于担忧的状态。如抱怨孩子都 8 岁了还不会整理玩具；已经上二年级了，还不能独立完成作业。出于好奇，我们来看一下牛牛的现状到底是怎样的。据观察，这位小朋友的书房虽然有很多东西，但分类很合理。写作业虽然很慢，但是字迹却很工整。

问题到底出现在哪儿？这就是家长们经常犯的错误——小题大做。也就是说，过高的要求导致过度的焦虑，家长自己杞人忧天了。孩子对于物品的归类很清晰，学习很上心，这都是值得肯定的。也许有些事情对于他们来说，的确受能力发展所限，但从现阶段来看，已经做得很好，作为家长，就需要用欣赏的眼光加以肯定，并帮助他们慢慢做得更好。

人生没有真正意义上的起跑线，孩子的成长也没有四四方方的边界，少一些偏见，少一些限制，多些关爱与欣赏，让孩子在不同的领域开拓广度，挖掘深度，他们的未来才有无限的可能。

6. 耳濡目染的影响，是父母给孩子最好的教育

父母是孩子的第一任老师，无论是生活习惯，还是道德品质。孩子刚刚出生时就是一张白纸，将来成为什么样的人，一方面受基因影响，另一方面，还在于父母的教育和培养。

苏联著名的教育家苏霍姆林斯基曾经说："每一个瞬间你看到孩子也就看到了自己，你教育孩子也就是教育自己。"

孩子早期的学习就是模仿，无论是好的还是坏的，他们都全盘吸收。作为家长，一定要注意自己的言行举止。

第一，自我约束，给自己一个特定的时间，集中精力干一件事。

想让自己的孩子具备坚持不懈的品格，首先要约束自己。

"言传"不可少，"身教"更重要，给孩子讲道理的时候振振有词，自身表现却不能令人满意，这并不是孩子需要的，耳濡目染的教育才是最好的家庭教育。想要拥有一个修养好、学识广的孩子，就先让自己成为一个修养好、有学识的人吧。

第二，优化自己的时间，培养一份终身受用的兴趣爱好。

唐宋八大家中有一个特殊家族，一门三学士：苏洵、苏轼、苏辙，世称"三苏"。父子三人最大的兴趣爱好就是读书。作为父亲的苏洵，27岁才开始发奋读书，并收藏了大量的图书，每次都利用孩子们玩耍的时间，抓紧时间读书。日复一日，两个孩子照着父亲的样儿，也对读书产生了兴趣，并大量翻阅父亲的藏书。三个人还经常一起探讨书中的奥秘，最后，父子三人一同考试，皆名列前茅，成为世人称赞的大文豪。

家庭教育不是天天"河东狮吼"，更不是时刻耳提面命，父母就是孩子的一面镜子，如果孩子目睹了父母如何合理利用时间，他们就会慢慢形成对时间的概念；父母如果还能腾出时间来追求自己的业余爱好，孩子也会感受到珍惜时间的意义。家长要做的仅仅是以身作则。教育孩子先教育自己，培育孩子先培养自己。

7. 不急着说出结果，让孩子自己发现

孩子的小脑袋里装着五花八门的问题，时刻都会有疑问。"雪花是怎么形成的？""大海为什么是蓝色的？""星期天为什么又叫星期日？"孩子的这些问题经常把家长们搞得晕头转向。

有的父母绞尽脑汁去想问题的答案；有的则跟孩子打太极，蒙混过去。其实，这都不是最明智的办法。聪明的父母会引导孩子自己去发现。心理学家说，孩子认知事物一般有两种情形：一种是通过不断的尝试自己认知，另外一种是通过别人的传达被动地认知。

相比较模仿、被动认知，发现、探索式的主动认知对孩子的思维发展更有帮助，后者不仅能激起他们的好奇心，还能强

化他们的探索性思维能力。在好奇心的驱使下，孩子们会表现出比成人更积极的思考力和行动力。

第一，适时闭嘴，保护孩子难得的好奇心。

舅舅去果果家做客，饭后和果果玩起了智力拼图游戏，这个拼图是不同云朵的科普拼图。为了让果果更好地了解不同的云朵，舅舅便给果果介绍："这个是积雨云，它又浓又厚；这个是层云，这个是卷积云……"听着听着，果果就开始走神儿了，盯着拼图上的云朵发呆。舅舅有点生气，对果果说："果果你认真听啊！"果果看了舅舅一眼，说："舅舅，你看，这个像不像一大片层层叠叠的鱼鳞？"果果举起手中的卷积云拼图，"从

这头一直到那头，碎碎的形状，还有规则的纹路，对不？"本来有点不耐烦的舅舅听到果果这样说，仔细看了看，还真是很像。看着果果兴致勃勃地讲述自己的发现，本来还想说些什么的舅舅赶紧闭上了嘴巴，顺着果果的指引，重新研究起了拼图。

在孩子的世界里，他们有自己的思维模式和游戏方式，关注的往往并不是我们最初想教给他们的东西。充满好奇心的孩子总是会有自己的想法。这些想法一旦不被重视，受到破坏的便是孩子的求知欲和探索勇气。

与孩子交流，只有放弃自身固有的行为模式，让他们用自己的方式去观察，去领悟，才能让认知的过程在他们的感官世界里，变得趣味盎然。

第二，放开双手，让孩子自己去探究。

作家席慕蓉说："上一百堂美学课，不如让孩子自己在大自然里行走一天；教一百个钟点的建筑设计，不如让学生去触摸几个古老的城市；讲一百次文学写作的技巧，不如让写作者在市场里头弄脏自己的裤脚。"

孩子在上学之前，抽象推理和思考能力并没有完全形成，很多事物都是通过对具体事物的接触和体验来认知的。他们在这个认知的过程中，收获快乐和喜悦，接受新鲜事物，开发思维，这个过程对孩子今后的成长尤为重要。

面对孩子的好奇，家长要做的就是放开双手，让孩子有一个自由的空间去试错、去探索、去反思，让孩子用自己的眼睛去观察，用脑袋去思考，用小手去摸索。对孩子而言，这就是一种"无声的鼓励"，能够让孩子成为一个有创意，与众不同的人。

8. 牵一只蜗牛去旅行

张文亮写的《牵一只蜗牛去散步》，曾经看哭了很多妈妈。孩子确实就像蜗牛一样，当你焦急地看着墙上的时钟，拼命地催促他起床上学的时候，孩子嘴巴里说知道了，行动上却不紧不慢；当你忧心忡忡地叮嘱他上课听讲，不要和同学发生冲突，控制好自己情绪时，他慢悠悠地说着"好的"，脸上却未曾有一丝的重视。

静下心来想想，他还是一个孩子啊！当我们紧绷神经，逼迫孩子往前冲的时候，是不是该考虑下他们的身体、心理承受范围，他那一双小小的手，能够撑起多大的天空？他那一双小小的脚，才走过多少崎岖不平的路？

人生就是一场旅行，我们应该放弃鞭策，放弃催促，牵着自己的小蜗牛，一边走，一边欣赏美景，用心感悟。

第一，适时放慢脚步，适应孩子的节奏。

妈妈带着3岁的可可去云南旅游。他们来到了洱海，眼前的美景让妈妈身心愉悦。这个时候，可可却看到另外一幅让他感兴趣的画面，那就是几个卷着裤腿、拿着网兜的小朋友，正在洱海旁边捞鱼。可可央求妈妈，也陪他下去捉鱼玩。他们捞了半天，虽然一条鱼都没有捞到，但可可开心得手舞足蹈。眼看午餐时间到了，可可却怎么也不肯离开，哭着嚷着不肯上岸。妈妈没有办法，只能强行把他抱起来往回走。可可一直紧紧地拿着他的渔网，重复着"我要捞鱼"这一句话。足足哭了一个小时，直到哭累了，睡着了，饭也没吃成。

对孩子而言，旅途的乐趣特别简单，不是匆忙地往前赶路，不是吃上一顿山珍海味，更不是舒服地睡一觉，而是干自己感兴趣的事情。踩踩水、捞捞鱼，在成人认为很无聊的事情上享受时光。孩子成长本来就慢，他们已经很努力地去迎合父母了。身为父母，是不是也要适时放慢自己的脚步，陪着孩子一起开心地玩耍，适应他们的节奏呢？

第二，用心聆听孩子内心的声音，多一些陪伴。

牛牛6岁了，到了分房睡的年龄了，他的爸爸妈妈决定让他睡自己的房间。起初爸爸妈妈也跟牛牛做了很多思想工作，牛牛也答应了。可是到了晚上，他反悔了，在自己的床上哇哇

大哭。妈妈心里不是滋味，但又不能出尔反尔，就来到孩子的房间，轻轻地摸了摸孩子的头，说："宝贝，我们不是说好了要分房睡吗？"孩子眼泪汪汪地看着妈妈说："妈妈，我还是有点害怕，你能不能陪在我旁边，等我睡着了再出去！"于是，牛牛妈妈静静地坐在他身旁，直到他睡着才悄悄离开。

其实，孩子的要求很简单。他能够遵守和父母之间的约定，但是他仍旧是一个胆小的蜗牛，会时不时地想着把头缩进去，躲在自己的蜗牛壳里。这时家长需要做的就是听听他们内心的声音，如果他们的小要求并不过分，那就答应孩子，抽出一点儿时间陪陪他们，摸摸他们的头，让他们觉得安全。这样长大的孩子会更坚韧，内心更强大，遇事能勇往直前，无坚不摧。

9. 难道听话就是好孩子吗

德国著名心理学家海查曾做这样一个实验：对 200 名 2 岁至 5 岁的孩子进行了长达 10 年的跟踪观察，调查组将这些孩子分成两组：一组是 100 名具有强烈反抗倾向的孩子，一组是 100 名没有反抗倾向的孩子。结果发现，有反抗倾向的孩子中，84% 的人在青年期表现出坚强的意志力，具有独立分析和判断事物的能力，敢于做决定。而没有反抗倾向的孩子，仅有 26% 的人在青年期表现出坚强的意志，其余 74% 的人则表现为遇事不会做决定，不能独立承担责任。

看完这个实验的结果，你是否还想让孩子言听计从？相信家长们都会摇头，那该如何培养一个有主见的孩子呢？

第一，征求孩子的意见，把"话语权"还给他们。

程程上小学五年级的第一天，爸爸妈妈想让孩子回家的时候有一些新鲜感，于是把家里的家具摆设换了位置。为了让孩子有一个安静的做作业的空间，父母把程程的书桌放在了书房。当程程回家看着书桌被从客厅拖到书房，当场就哭了。妈妈有些不知所措，赶紧过来问他，询问后才知道原来程程因为爸妈

没有征求他的意见就直接挪动了自己的书桌，这让他很不开心。但当妈妈给他讲清楚原因后，程程高兴地跑到书房去写作业了。

对于自己的书桌，父母不仅没有征求孩子的意见，更没有让自己有位置摆放的话语权，这让孩子非常伤心。

每个孩子都是一个自由个体，父母只有给孩子表达的机会，多征求他们的意见，才能得到他们的认可，更好地促进彼此间的沟通。因此，父母在做决定之前，让孩子参与到问题的讨论和决策中来，让孩子知道自己是被关注，被尊重的。这种正向的力量对他们的成长更有益。

第二，解放自己，解放孩子。

教育家陶行知先生提出"六大主张"："解放儿童的头脑，使其从道德、成见、幻想中解放出来；解放儿童的双手，使其从'这也不许动，那也不许动'的束缚中解放出来；解放儿童的嘴巴，使其有提问的自由，从'不许多说话'中解放出来；解放儿童的空间，使其接触大自然、大社会，从鸟笼似的学校解放出来；解放儿童的时间，不过紧安排，从过分的考试制度下解放出来；给儿童予民主生活和自觉纪律，因材施教。"

很多家长为了孩子不违反学校纪律，为孩子成绩好一点，而时刻紧盯孩子，处处指示，以防万一。这无可厚非。但久而久之，孩子往往就变成了没有任何主见的"沉默羔羊"。

世上没有绝对的对与错，也没有绝对的好与坏。熊孩子不一定长大后就不成材，好孩子也不一定长大后就成功。家长要做的是给予他们更多的平等参与的机会，让他们有更多的话语权。解放自我也解放孩子，让孩子练就坚不可摧的韧性，更好地展翅高飞。

10. 孩子哭闹，不要急着阻止

根据心理学家们的研究发现：当孩子已经出现一些负面情绪大哭大闹时，家长立刻采取行动，满足孩子的要求，或者转移孩子的注意力，短时间内可能会让孩子心理舒畅，但长此以往，对孩子的情绪管理，尤其是情绪自我调节方面，百害而无一利。反之，如果采取合理的方法，让孩子学会情绪管理，那他们长大后，在面对学习和生活等方面出现的问题时，表现就会优于常人。古人所说的"授人以鱼，不如授之以渔"也是这个道理。

第一，学会示弱，陪伴孩子共同面对负面情绪。

3岁的小糯米陪着妈妈去取快递，回来的时候不想走了，便哭着跟妈妈说："妈妈，我走累了，我要抱！"妈妈指指手上的一箱水果，没有大篇幅的说教，只是静静地对孩子说："宝贝，妈妈知道你走累了，妈妈拿着你最爱吃的苹果，也走累了，你能抱抱妈妈吗？"孩子惊诧地看着妈妈，仿佛在想，妈妈那

么高，我怎么抱呀！这时，妈妈蹲下来对糯米说："要不，咱们一起坐下来休息一会儿？"糯米笑着点点头，休息后一鼓作气走回了家。

　　相信很多家长都遇到过同样问题，大多数人的做法要么是批评孩子，要么是无条件顺应孩子，结果是自己很累，也不开心。你是否想过，像糯米妈妈一样，偶尔示弱，让孩子知道大人也不会一直强大，不管爸爸还是妈妈，也有脆弱的时候，也会觉得劳累。这样既能帮孩子有效调控情绪，也能激发起他们面对困难的勇气，成长为独当一面的小勇士。

　　第二，循循善诱，引导孩子合理发泄情绪。

　　面对孩子的负面情绪，家长要做的就是创造一个安全、舒适的环境。与其告诉孩子哭闹是不对的，不如告诉孩子，悲伤是自然的，愤怒本身也没有错，但悲伤、愤怒之余，我们可以通过其他更健康的方式，如出去玩一会儿，睡个美美的觉，或吃点儿好吃的来冲淡或摆脱负面情绪。

　　孩子们的情绪表达很直接，快乐的时候像一只翩翩起舞的蝴蝶，生气时像一只愤怒的霸王龙。他们通过身体的一收一放，表达着自己的情绪。为孩子创造一个可以尽情宣泄的家庭环境吧！分享他们的快乐，感知他们的痛苦，疏导他们的情绪。让他们知道，家人永远是最朴实无华的依赖。无论经历了什么风雨和挑战，家人的爱和关怀，永远不会发生任何变化。这样我们才能培养出一个心理健康、积极乐观的健康孩子。

第二章

抓住成长敏感期，做事半功倍的智慧父母

孩子在成长过程中会出现几个特定的"敏感期"，如：语言、感官、细节观察、秩序规则等。这时，他们的内心会有一股无法遏制的动力，驱使他们专心致志地反复尝试和学习。顺应这些成长规律，让孩子在玩耍中学习，在边玩边学中慢慢长大，这是父母送给孩子最好的童年礼物。

1.0岁，语言敏感期

古语说："水深则流迟，人贵则语迟。"每当有些宝宝说话晚，周遭的老人就会用"贵人语迟"来安慰家长，事实真的是这样吗？其实，这并没有科学依据，孩子说话的早晚，往往与周围的语言环境密不可分。

曾经有研究者专门针对 0 岁至 1 岁的幼儿进行研究发现：当宝宝 2 个月左右就能发出类似"啊、咦、唔"的声音；到了 6 个月，便能发出单音"ma、ba"；当孩子周岁左右，已经能用单词"碗、杯、饭"等叫出物品的名字。虽然简单，但每一个发音都是一次质的飞跃，他们从中寻找乐趣，掌握技能。

由此可见，孩子的语言敏感期从出生便开始了，如果家长们善用这段特殊时期进行有力引导，那么对孩子的语言发育是益处颇多的。

第一，使用"婴儿手语"，加速幼儿语言发育。

大多数的孩子学会说"再见"之前，都会有一个模仿大人摆手的过程。细心的家长可能会发现，当孩子学会使用摆手表达"再见"时，他们会特别兴奋，甚至会咯咯大笑。这其实是孩子与外界沟通交流的第一步。一旦他们对"肢体语言"表达的主动性越来越高，那么对语言学习的兴趣也会随之增强，语言表达便水到渠成。

　　不过，需要提醒家长的是，在教宝宝"婴儿手语"时，最好是肢体语言与正常语言配合在一起，如一边摆手，一边说话，跟宝宝说"再见"。这样才能让孩子将"手语"和"语言"联系起来，为他们的语言发育打下坚实的基础。

　　第二，尽情输入，变身"话痨"父母。

　　莎莎的妈妈是一位语文老师，很注重孩子的早期教育。孩子出生后，她抓住所有时间跟孩子对话，无论孩子听不听得懂，如"今天天气真好呀，蓝蓝的天，白白的云，宝宝看看是不是呀"。这种自说自话式的介绍时刻都在进行。每等孩子大一个月，她就加入一些新的东西，一直坚持不懈。当莎莎1岁时，能讲出的词汇明显多于其他小朋友。1岁半时，竟神奇般地把《咏鹅》背诵出来了。

莎莎的语言天赋可能会被很多家长称赞，但天赋的背后呢，却是妈妈坚持不懈的付出。在"话痨"妈妈的教导下，莎莎听到的东西比一般小孩多，所以她能够模仿的就多，会说的也多。在日常生活中，我们可以尽自己所能将所见、所感完完整整地介绍给孩子，确保足够的词汇和信息量的输入，这样才不会错过孩子的语言敏感期，让他们的语言发育更进一步。

2.1岁，感官敏感期

　　孩子从出生起就会凭借着自己的感官来熟悉周围的环境，通过听觉、触觉、视觉、味觉、嗅觉来了解事物，这些感知活动便是孩子认知活动的开始。对于他们来说，感知能力发展得越充分，储存知识的经验就越丰富，思维和想象发展的空间和潜力也就越大。

　　在孩子很小的时候，就会对光很敏感，会将眼睛转向有光线的地方，一旦光源移动了，他们会追随着到处看；孩子也会通过不同的声音，如怒吼或哈哈大笑，来感知身边人的情绪变化；他们通过嘴巴来感知世界，将能抓到的所有物品都放到嘴巴尝一尝；通过手来触摸物体，拧一下开关，按一下按钮，不厌其烦地重复同一个动作。上面这些，都是孩子在不同敏感期，所释放出的特殊信号。如果家长抓住机会，给予有益引导，那么孩子便会在某些方面获得长足的进步。

第一，不着急阻止，让孩子尽情啃咬。

萌萌6个月的时候，特别喜欢吃手，时不时地还把脚抬起来放在嘴里啃。奶奶每次看到这样的场景就会去把她的小手、小脚从嘴巴里面拿出来，一边阻止一边说："脏哦，不能吃哦！"经过一段时间，萌萌丝毫没有改变，甚至还会拿一些小玩具放在嘴巴里面啃。这让奶奶非常恼火，直接就去拍萌萌的手，萌萌委屈得"哇"一声大哭起来。然而，萌萌执着的吃手行为，却在1岁以后，神奇地慢慢消失了。

如果家里有孩子，你是不是也经历过这样的事情？你是不是也像萌萌的奶奶一样，不厌其烦地去阻止过孩子！如果不了解成长敏感期，我们可能一辈子都不知道，自己当时的阻止行为错得有多么离谱。幼儿在成长过程中，会有一段短暂的口欲期，通过嘴巴来感知周围的事物，表现是抓到什么都放嘴巴里尝一尝，他们通过这种方式对世界进行最初的探索，并以此来锻炼自身的协调能力。家长的正确做法是，提前检查玩具，收好危险品，给孩子把手洗干净，消毒玩具，仅此而已。

第二，准备道具，游戏是最好的引导方法。

教育学家陈鹤琴先生曾经说过："小孩子生来就是好动的，是以游戏为生命的。游戏能让孩子的认知、感受得到最真实的体验，也能在他们幼小的心灵里种下健康的种子。"

作为家长，最好能在孩子视觉敏感期，给他们准备一些黑白棋，和孩子一起玩找不同游戏，提升孩子的视觉注意力；在孩子听觉敏感期，给他们准备一些音乐类玩具，让他们听听不同的旋律；在孩子嗅觉敏感期，把孩子带到厨房，让他们闻一下酱油、醋、料酒等调味品的气味；在孩子味觉敏感期，让他们尝尝酸、甜、苦的食物；在孩子触觉敏感期，给他们准备一些软的和硬的玩具，让他们感受软硬或形状。

感官敏感是一个很微妙的东西，我们身体的任何一个器官都执行着"不用就废""越用越灵活"的原则。在孩子感官敏感期，配合他们接触更多东西，感知更大的世界，从而收获更多的能力。

3.1岁半，细节观察敏感期

幼儿在发展过程中，当受到自身内部某种独特潜能指引的时候，会对一些特别细小的东西非常敏感，并表现出高度的兴趣。这个时候的小孩，眼中仿佛自带了一个"显微镜"，能够看到大人所看不到或者被忽略的东西，这就是细节观察敏感期的一种表现。

细节决定成败，很多家长会抱怨自己家的孩子在学习的过程中，尤其是一年级的时候，对于拼音字母"b"和"d""q"和"p"分不清楚，并将这归咎于小孩粗心大意。然而，这多半是因为家长没有在他们细节敏感期，给予孩子更大的帮助，甚至是破坏了他们原本自带的细节敏感度。

孩子一旦出现对细小事物感兴趣的现象，说明他们的身体协调能力、观察力、专注力已经发展到了一个上升阶段，这个时候，如果家长好好利用，并加以引导，对孩子以后的学习、生活将会产生巨大的帮助。

第一，不去打扰正在观察的孩子，让其好好"工作"。

1岁7个月的圆圆很喜欢听妈妈给他讲绘本，最喜欢的是

《好饿的毛毛虫》。每次妈妈给他讲完这个绘本，他都会跟妈妈说："妈妈，再讲一遍！"妈妈也总是不厌其烦地给他讲。有一天，妈妈带着圆圆去植物园。突然发现他呆呆地站在一个地方一动不动，妈妈本想大声叫他，但看他那么专注便放弃了。于是蹑手蹑脚地走过去，发现圆圆正在观察一只毛毛虫。就这样，安静地看了很长时间，圆圆才移动了双脚，对妈妈说："妈妈，毛毛虫爬行的样子真的跟书里讲的一样。"回家后，圆圆又将家里的毛毛虫绘本拿出来，让妈妈再讲一遍。

故事中的圆圆正是处于细节敏感期，他的小脑袋正在工作，观察思考大自然中的毛毛虫，并将平时抽象的思维与实实在在的事物联系在一起进行比较，妈妈的驻足等待无形中给了孩子足够的时间，让他的观察力和专注力都在慢慢提升。

第二，保护好孩子的"收藏物"，让观察变得有意义。

处在细节敏感期的孩子，特别喜欢收集他格外感兴趣的小东西，比如一些小纸屑、粉笔头、树叶、小石子等，这些小小的不起眼的东西，是他们眼中的宝贝。这是什么原因呢？因为孩子正在对弱小事物进行观察和保护。这个时候，家长千万不要因为卫生问题阻止他们，相反，应该给他们准备一个专门放置这些"小收藏品"的盒子，让他们自由地观察、玩耍。保护他们的这种行为和心理，让他们从中体会到快乐。

细节观察至关重要！家长一定要尊重、保护孩子用自己的方式去发现，遵循孩子本来的成长节奏，让他们毫无限制地利用自己富有想象力的大脑去认知世界，用专注的双眼去探索未来。

4.2岁，秩序规则敏感期

通常情况下，孩子在 1 岁到 3 岁这一期间，对外在事物的秩序有着近乎"强迫症"的欲望，尤其是对物品的所有权、物品呈现的状态等，有极高的要求，一旦这种秩序被破坏，他们就会焦躁不安，甚至出现一些激烈的反应。

当看到肥皂没有放在肥皂盒里，或者板凳没有放在原来的地方，孩子就会马上过去将这些物品还原，一旦完成这件事，他们会非常开心。因为在这个过程中，原有的秩序被调整好，孩子的内心获得满足，他们因此而快乐。

第一，注重环境整洁，给孩子提供一个有序的环境。

外在环境的混乱会直接影响孩子思维的条理性。如果孩子的生活环境杂乱不堪，尤其是日常用品摆放混乱无序，那么，孩子长大后，就很容易成为一个做事没有规律、没有秩序感的人。我们平时看到的那些东西随便放，随手丢的朋友或同事，很可能就是在幼儿期被破坏了秩序感。

作为家长，我们要尽量做到家庭环境整洁，可以定期跟孩子一起打扫卫生，摆放桌椅，合理划分房子的生活、工作、学习空间等，让家里的环境变得整洁、温馨、明亮。孩子在这样的环境中，自然而然会变得有条理性，在今后的生活中也会成为一个井井有条的人。

第二，制定规则，同孩子一起遵守。

"只许州官放火，不许百姓点灯"是很多家长一贯的作风。一边喝着可乐，一边告诉孩子碳酸饮料对健康不利；一边玩着"绝地求生"，一边告诉孩子玩游戏有害身心。家长的每一次破例，都是在无形中告诉孩子，规则并没有那么神圣不可侵犯，是可以被打破的，这就让孩子漠视了规则，失去了规则感。

如果我们给孩子制定了规则，首先要做的就是率先完成，用实际行动来演示给孩子看。我们吃饭不挑食，孩子才能什么都吃；我们过马路时不闯红灯，孩子才能遵守交通规则；我们不随手扔垃圾，孩子才能爱护公共卫生。

帮助孩子培养良好的秩序感，可以让他们在日常生活和社交中更好地处理问题，提高生活质量。从现在开始，从生活点滴开始，让我们好好维护孩子那短暂而执拗的秩序敏感期吧，让他们在点点滴滴中形成良好的归属感、规则感，以及安全感。

5.2岁半，人际关系敏感期

人类友谊的常青藤往往从幼儿期就开始萌芽了，当成年人在为如何拥有更多知己，如何得到他人认可烦恼的时候，处于幼儿阶段的孩子已经在探索属于他们自己的一套人际交往方法了。

他们会带着自己的玩具去跟小朋友交换，寻找那些拿着他们感兴趣玩具的小伙伴，从开始和一堆小朋友玩，到最后只跟一两个小朋友玩。这种人际交往方式和智慧，是与生俱来的，也是处于人际关系敏感期的孩子，最本能的一种表现。

第一，多带孩子与小朋友接触，让其参与社交。

我们可以看到，经常参与家庭聚会的小孩会更加活跃，对于处理与小朋友之间的冲突时更"老道"。这是因为孩子在观察和参与了更多社会活动后，逐渐学会了如何去判断和揣摩他人的心理，如何去承受与他人交往过程中的种种失败。别以为孩子之间只是在"过家家"、闹着玩，孩子之间的交往是非常认真的，他们的世界是一本正经的。

　　当然，在社交的过程中，孩子难免会受到欺负。这个时候，家长不要因为自己的孩子处于弱势就阻断孩子之间的联系，可以适当地给孩子提供一些建议，通过特定的方式，比如跟犯错的小朋友讲道理，让其道歉，从而化"敌"为友。只要我们能够给予孩子足够的精神支持和鼓励，他就会具备足够强大的内心，顺利度过人际关系敏感期。

　　第二，尊重孩子的交换行为，不以成人的眼光去界定"吃亏"。

果冻的妈妈每次都抱怨，说自己的孩子特别喜欢跟小朋友玩，为了能顺利找到朋友甚至可以把自己心爱的玩具送给别人。有一次果冻的奶奶给他买了一个期盼已久的植物大战僵尸的玩具——豌豆射手。果冻拿着它出去玩，碰见了自己的好朋友，想都没想就直接把"豌豆射手"送给好朋友，换来的只是这位好朋友陪他玩了一小时，这种"不等价"的交换让果冻妈妈哭笑不得。

　　事实上，孩子的世界非常简单，他们不会因为失去了一个玩具，或者用一个价格很贵的玩具换来了一个价格便宜的玩具而闷闷不乐，他们在意的只是交换的过程，以及在交换的过程中与朋友之间建立的一种社会联系。

　　在这个过程中，孩子体验了渴求交换的焦虑，以及交换成功的喜悦，或交换不成功的失落等等。作为家长，完全没有必要用成人的眼光去界定孩子是不是吃亏了，或者是不是占便宜了，而是应该让他们自己去感知。如果果冻觉得用玩具换来与朋友一小时的游戏非常值得，那就是很值得，因为物品有价，而情意无价。

　　这里需要提醒每一位家长，当孩子与朋友交换物品后，我们要用成人的处事方法教育孩子信守承诺，一旦交换不能反悔，告诉孩子，如果自己无法兑现承诺，就不要去许诺，这样才能帮助他树立正确的人生观。

6. 4岁，阅读敏感期

人的兴趣爱好并非天生具备，而是在一定的客观环境中形成并发展起来的。很多家长常常会发牢骚，说孩子不喜欢读书，不喜欢写字，好像什么都不喜欢。

作为家长，我们首先要反省一下自己。当孩子缠着你给他讲绘本的时候；当孩子翻书从后面一页翻到中间一页，又从中间一页翻到最前面一页的时候；当孩子要求你给他重复讲同一个故事的时候，你是怎么做得呢？

一般来说，4岁左右时孩子会进入阅读敏感期，表现为孩子对阅读、看书产生浓厚的兴趣。但他们的注意力集中时间并不长，只有5到10分钟左右。观察的有序性也不够，不能很好地按照顺序，从前到后去阅读绘本，不能看懂图画或读懂文字。这个时候的他们不得不依赖父母，需要父母给自己讲解，需要重复阅读，甚至会乱翻书本，这都是正常现象。作为家长，我们应该耐心，尽可能抽出时间陪伴孩子进行阅读，让他在听书过程中产生更浓厚的阅读兴趣。

第一，坚持亲子阅读，共建阅读兴趣。

处于阅读敏感期的孩子，心智就像一块肥沃的田地，准备接收大量的文化播种。这个阶段，家长一定要给孩子提供丰富的精神食粮。我们可以以 21 天为一个周期，坚持在这个周期内每天固定一个时间，可以是刷完牙后，也可以是吃完饭后，给孩子讲几本绘本，让他形成一个生物钟。21 天后，你会发现，不用提醒，孩子都会在那个时间找到你，让你给他讲绘本。几年后，你可能同样会看到，在那个固定的时间，你的孩子在认真阅读。这样，孩子的阅读兴趣和良好的阅读习惯自然而然就形成了。

不过，在给孩子讲绘本前，最好先将故事通读一遍，了解故事的脉络、角色特征、语言风格等，这样才能充满激情地讲给孩子听，孩子才能被你的情绪感染，形成深刻而持久的记忆，从而对书本或阅读产生浓厚兴趣。

第二，阅读与生活结合，让书本照进现实。

天天最喜欢缠着妈妈给他讲《走近国宝大熊猫》，绘本通过大熊猫解救被困小白兔的故事，介绍了大熊猫的特征、习性，这让天天对大熊猫产生了浓厚的兴趣，但每次妈妈问大熊猫有哪些特征的时候，天天还是一问三不知。这让妈妈非常头大，于是跟爸爸抱怨说："咱家孩子是不是记忆力差呀！"爸爸摇摇头说："怎么可能！明天你带着孩子去看看真的熊猫，回来再问他。"第二天，妈妈特地带天天去了动物园，让他近距离观察了大熊猫。回家以后，天天竟然自己拿起绘本，给妈妈讲起了大熊猫的习性和外貌特征，这让妈妈既惊讶又惊喜。

　　阅读能让孩子产生无限的联想，生活却能将书本知识照进现实，两者相互结合，就能让孩子生成惊人的领悟力，形成新的思维。身为家长，多带孩子参加实践活动，将故事还原到生活中；多用联想法，将绘本故事与真实事件联系起来，这样才能让孩子产生更多的共鸣，也能更好地吸收和消化书中的知识。

　　在阅读敏感期，多与孩子一起进行亲子阅读，不仅能够培养孩子的阅读兴趣和习惯，还能激发他的求知欲。让我们共享亲子阅读的短暂时光，在行万里路的同时，一起阅读万卷书吧。

7.6岁，文化敏感期

随着年龄的增加，孩子的语言表达、思维方式、想象力等都会变得越来越丰富，尤其到了6岁，他会出现对探求事物奥秘的强烈需要，他们愿意去了解任何领域新奇的事物，会像"十万个为什么"一样不停地提出问题，这便是进入文化敏感期的主要表现。

此时的孩子如同一块海绵，随时准备吸收外来的水分，并沉浸其中无法自拔。他们会向父母讨教很多自然界的奥秘，也会将某一领域的知识跟父母娓娓道来，作为家长，我们最好的办法就是认真倾听，及时提问，从而让孩子乐于进一步探索和求知。

第一，耐心回答孩子的"十万个为什么"，尽早科普。

面对"十万个为什么"型的孩子，家长首先要做的就是耐心，第一时间回应他们，帮他们解答问题，如果自己也不懂，就带着孩子一起寻找答案；其次，可以给孩子准备一些简单易懂的科普书籍，家长可以讲给孩子听，也可以让孩子自己阅读；最后，家长还可以给孩子准备一些科学实验的素材，通过简单易懂的科学实验，让孩子获得最直观的答案。

第二，用欣赏的眼光看待孩子的"作品"，鼓励他们自由表达。

幼儿园大班的毛毛对恐龙特别感兴趣，看书喜欢看有恐龙的，画画喜欢画各种恐龙，只要是有纸有笔的地方，就会有毛毛画出来的恐龙。开始时，毛毛妈妈对此不以为意，认为都大班了，应该多花点心思在拼音、数学上，就时不时地批评孩子乱画。每当这个时候，毛毛爸爸就过来阻止，并对毛毛的作品大加赞赏。夫妻两人也私下为这个事情争论不休。直到有一天，毛毛画出了一幅恐龙巨作，画纸上的三角龙栩栩如生，他也因为这幅画而获得了幼儿园"天才小画家"的称号。这让毛毛的妈妈对他产生了新的认识，原来自己的孩子居然还是个画画小天才。

随着孩子自我意识的逐渐觉醒，他们开始有自己的想法，不管是用画笔，还是钢琴，亦或是别的什么东西进行试探性创作，我们都应该欣赏加鼓励，让他们以这种方式来充实他们的文化敏感期。这样，孩子就会越来越愿意用他感兴趣的方式去表达心声，记录生活。在未来的某一天，也可能成为某个领域的佼佼者。

8. 掌握孩子性格形成的关键期

性格是指一个人对现实的稳定态度。从心理学角度讲，性格既有稳定性，同时也有可塑性。也就是说，一个人的性格在他出生时已经初见端倪，但是经过后天的引导和培养，是能够朝着积极的方向去改变的。

6岁以前是孩子性格形成的关键时期，主要分为3个阶段，即婴儿期（0～1岁）、幼儿期（2～3岁）和学龄前期（4～6岁）。每个阶段孩子会在性格上表现出不同的特点，家长们最好做出有针对性的引导，以帮助孩子形成阳光健康、积极向上的良好性格。

第一阶段，给予孩子足够的安全感。婴儿期的孩子最需要的就是父母无微不至的照顾。这个时期，家长能做的就是让孩子产生足够的信任，要满足孩子的基本生理需求，如尿布湿了及时更换，饥饿时及时喂奶，困倦时及时让宝宝睡觉，这些最基本的生理需求可以让这个年龄段的宝宝产生足够的安全感，安全感充足的孩子长大后的性格就更倾向于活泼开朗。

第二阶段，给予孩子更多的自由空间。幼儿期的孩子已经学会了一些基本的生活技能，也会因为自我意识开始觉醒，出现一些小叛逆，故意去违背父母的意愿。对此，家长不要过度地控制孩子的行为，以免让孩子对自己产生怀疑，应给予他们足够的自由空间，在避免发生危险的情况下，让孩子独自探索，尽情玩耍。

同时，家长们也要为孩子营造良好的家庭氛围，夫妻之间出现矛盾时，最好私下去沟通，不要当着孩子的面儿大吵大喊。在父母争吵中长大的孩子，心理会蒙上一层重重的阴影，更容易形成自卑内向、消极孤僻的性格。因此，父母先要做榜样，学会管理自己的情绪，让整个家庭氛围是平和友爱的，孩子的性格才能朝着开朗自信的方向发展。

　　第三阶段，给孩子充分的理解和肯定。学龄前期的孩子身体和思维是最活跃的时候，生活方面，基本能够自理，主动性也得到了进一步加强，想象力和创造力正处于爆炸性发展的阶段。这时，家长最应该做的是，学会慢慢放手，给孩子无条件的肯定与支持。让孩子们在一个有边界的自由空间中，去发挥他们的想象力和创造力。也就是说，只要孩子的行为没有触犯基本的原则和准则，完全可以信任他，让他自由发挥。这样，更有助于培养他们积极乐观的心态，有助于他们长大后成为一个果断、有目标、有冲劲的人。

　　孩子自出生之日起，心灵就如同白纸一样干净纯洁，既容易受真善美的熏陶，也容易受假丑恶的污染。就像荀子所言："蓬生麻中，不扶而直；白沙在涅，与之俱黑。"身为父母，不仅仅肩负抚养孩子长大的责任，更要为他们的性格发展指明方向，因为，不论现在还是将来，一个人的性格对其人生的成败与幸福生活影响巨大。

第三章

散养下的处世哲学与习惯养成

近几年，"散养"的教育理念出现的频率特别高，很多家长纷纷效仿，结果却因为没有把握好"度"，导致孩子成为"让人头疼的小孩"。事实上，真正意义的散养，散的是孩子的思维，养的是孩子的习惯。虽然每个孩子都是独一无二的，都有自己的个性，但社会的基本准则是相同的。在尊重孩子个性的前提下，养成良好的习惯，这才是散养的关键。

1.孩子的时间让孩子自己安排

所有的家长都有一颗望子成龙的心，希望自己的孩子能有好的成绩，于是将孩子的时间安排得非常"充实"：放学后上兴趣班，兴趣班后练字，练完字后回家写作业，写完作业看书，睡觉。一整套下来，孩子在家长紧迫的安排下完全失去了自我，被动地变成了一台执行程序的机器，结果却因为没有动力变得越来越懒散，时间无形消失，最终一事无成。

物理学家爱因斯坦曾经说过："人与人之间最大的区别就在于如何利用时间。有的人很会经营……他用上天赐予的时间做了很多事，最终换来了成功。"

对于时间这种看不见摸不着的抽象东西，孩子并没有概念，让他们抓紧时间犹如天方夜谭。如何才能让孩子有时间概念，安排管理好自己的时间呢？

第一，忍住，让孩子自己承担拖延的恶果。

启航是一个爱睡懒觉的孩子，妈妈实在受不了了，决定给他一个教训。星期一的早上，妈妈让启航睡到自然醒，等他慢悠悠地刷牙、洗脸，再送他去幼儿园。

到了下午，妈妈去接启航时，他哭丧着脸对妈妈说："妈

妈，我今天迟到了，没有赶上升旗仪式，还错过了吃早餐的时间，老师批评我了。"说着小声抽泣起来。妈妈蹲下来安慰启航，并假装无辜地说："是吗，不好意思啊，妈妈今天也赖床了。"启航很生气，严肃地对妈妈说："以后我们谁都不能赖床了啊！"妈妈一脸认真地说："好啊，那我们做一个约定，以后咱们都不赖床。"

从那以后，启航每天早上起床都变得特别积极。

我们在遇到孩子没有时间概念时，总是习惯性地唠叨、催促，或者通过武力压迫来解决问题，但往往收效甚微，孩子会一而再、再而三地犯同样的错误。这个时候，我们不妨忍一忍，让孩子自己去体验浪费时间所带来的恶果。行动高于言语，只有当他们自己切身体会，才能自主地改变行为，提升速度。

第二，使用计时器，让孩子感知时间的流逝。

豆豆写作业特别慢，每次妈妈辅导他的时候都气得火冒三丈。经过一个月的相互折磨后，豆豆妈妈直接把这个大麻烦扔给了爸爸。爸爸在接到任务后，第一时间给豆豆买了一个计时器，让豆豆自己定时间，多长时间内练完字，多长时间内写完口算题。刚开始的时候，豆豆还有点不太习惯，但仅仅一周的训练，豆豆写作业的速度奇迹般地提升了。

在孩子的认知空间里面，能够听懂30分钟内写完作业，但根本不知道30分钟意味着什么。如果家长使用计时器，孩子在听到计时器"滴滴滴"响起的时候，就知道现在从事的"工作"结束了。如果没有在这个时间内完成，孩子就会紧张，会提醒自己下次一定要在规定时间内完成。

一旦孩子感知到了时间的概念，并且认识到了浪费时间带来的不良后果，就会开始珍惜时间。家长只需要在一旁稍加引导，孩子自然而然地就会自己安排时间，提升速度。

2. 求同存异，做事商量着来

美国人际关系大师戴尔·卡耐基曾说过，在一次对话中，一个人应该用80%的时间去聆听，剩下的20%则是用来提醒或者是让对方继续说下去。大多数家长在与同事、朋友沟通时能做到这一点，但与孩子沟通时，往往做不到。

孩子对待事物的做法与成年人不同，这是很正常的。正是因为这些不符合常规的思维，才练就了孩子与众不同的个性，以及天马行空的想象。家长要做的就是尽可能地理解孩子的思维特点，捍卫他们说话的权利，凡事多商量，求同而存异。

第一，给自己装一个暂停开关，让孩子先说。

小宝妈妈接到了老师电话，说小宝上课的时候钻到桌子底下玩，希望家长能好好教育孩子。妈妈非常生气，接到小宝后便劈头盖脸地问他："地上那么脏，为什么要钻桌子，你知不知道你这样很不对……"一顿数落后，小宝委屈极了，小声地说："我只是看到地上有垃圾，想把它捡起来。"声音虽然很小，却像刺一样扎痛了妈妈的心，小宝妈妈反思了自己的行为后赶紧给孩子道歉，孩子破涕为笑对妈妈说："妈妈，没关系，我原谅你了！"

不管遇到什么事情，家长要给孩子解释的机会。可能仅仅是一分钟或者半分钟的时间，他就能够告诉你真实的情况！我们不要盲目地去指责，先弯下腰来，听听孩子怎么说。这既是尊重事实，也是对孩子的一种尊重。

　　第二，出现问题，及时与孩子商量。

　　收视率很高的电视剧《小欢喜》中有一个值得大家思考的故事情节：一向被人视为学霸的乔英子因不堪学业压力，装病逃课去爸爸家玩乐高，而宋倩作为一个十分严厉的母亲，在没有了解事情经过的前提下，直接训斥了女儿，并扇了英子耳光。随后的很长一段时间，英子一直疏远母亲，后来还患上了抑郁症。

　　作为学霸的妈妈，英子妈妈理所当然地认为自己的孩子不会存在学习的困扰，殊不知，学霸也有压力，也需要释放。家长一味地用自己的想法，先入为主地去考虑问题，往往会给孩子造成一些让他终身无法抹去的伤害。当出现问题的时候，我们应该及时同孩子商量，共同寻找解决办法，往往就能找到新的出路。不要做专制父母，主动倾听孩子发自内心的声音。孩子虽然年龄小，但他是一个独立的个体，家长要尊重孩子，给孩子说话的权利。共同协商后的结果才是孩子主动自发去做的前提。

3. 每个孩子都有独一无二的优势

世界上没有两片一模一样的叶子，也没有两个一模一样的孩子。每个父母都期望自己的孩子听话、懂事、爱学习，完全不用父母操心。但现实生活中，再乖的孩子也有不如人意之处，再不听话的孩子也有可爱的一面。正是这些不同，造就了孩子独一无二的个性。

每个孩子生来都是天使，都有着不可预估的潜能。作为家长，如果用爱心去理解、去包容孩子那些不称自己心之处，用耐心去开导和克服孩子那些缺陷，孩子就会是那最特别、最具光芒的一个。

第一，接纳他们的缺陷，悉心教导。

天才指挥家周舟因患有唐氏综合症，智商只相当于5岁的孩子。但他却在世界著名的艺术殿堂美国卡内基音乐厅，留下了自己的名字。小时候的他因为异于常人，不能上学，周舟的父亲一边上班，一边带着他。无意间，父亲便发现了周舟的音乐天赋，于是悉心教导，最终让他成功走向了舞台，成为了世界级的天才指挥家。

　　上帝在给人们关上一道门的同时，也会为其打开一扇窗。无论是先天优势还是先天不足，任何一个孩子都值得被全心全意地爱护，他就是上帝给家长的一份独一无二的礼物，会给家长的生活带来无限的惊喜。家长只有做到接纳他们的不完美，才能挖掘他们内在的天才潜质，成就他们非凡的人生。

　　第二，用无条件的爱，照亮孩子的未来。

　　很多家长在被问及是否爱孩子时，答案都是肯定的。如果追问爱的方式，大多数家长肯定会说，孩子要什么我给他买什么。但如果继续问，孩子不听话，学习不好呢？相信很多家长都会面露难色，或者直接说，不听话肯定什么都没有，甚至还会表示，武力解决！

　　这说明什么，说明这些家长的爱是建立在孩子听话、学习好的基础上的，是有条件的。从严格意义上讲，他们爱的并非是孩子，而是孩子为了实现他们的愿望而做出的努力，一旦孩子不努力了，这爱恐怕就变成了伤害。但是，每一个孩子都有自己独特的优势，并不是都在学业方面，有些小朋友可能热爱篮球，而有些有音乐天赋，甚至有些能说会道的孩子想要成为演说家。即便是学霸，也会有状态好和状态不好的时候。身为家长，我们要充分理解孩子，支持孩子，让他们在自己感兴趣的领域、在他们的优势项目上阔步前进。这样才能激发起孩子的主动性和自觉性，拥有这两种特性的孩子在任何方面都不会很差。

4. 放心地让"小鬼当家"

看过这样一个视频，一个 1 岁半的小孩能自己穿衣服、洗澡、喂狗。很多家长为之惊叹，同时抱怨，为什么自己的孩子到了 3 岁才会自己穿衣服，6 岁才能自己洗澡，喂狗更无从说起。

究其原因，并不是孩子的独立能力不够，也不是孩子不愿意去做，更多的是因为家长不肯放手，大包大揽了孩子的一切，让他变成了一个懒惰无能的人。

儿童时期的孩子有很强的可塑性，从小时候开始，培养一个自主能力强，有责任、有担当的孩子，有些家长的家庭教育方式值得我们借鉴。

第一，让孩子成为家庭事务的负责人，体验生活。

3 岁的欢欢兴致勃勃地拿起扫帚，走进厨房，准备把妈妈散落在地上的菜叶子扫起来。她左一下右一下，还是没有把菜

叶子归拢起来。这个时候，欢欢妈妈连忙拿起扫帚，对欢欢说："你还小，不用你扫，你去玩吧，等长大了再帮妈妈。"欢欢憋着嘴说："我长大了！"但妈妈却装作没听见，还是硬把欢欢支走了。

大家是不是也有过这样的经历：每当孩子因为一时的新鲜，兴致勃勃地过来帮忙做家务的时候，因为心疼孩子或者不信任，很多家长会迅速拒绝孩子的劳动。结果就是：孩子根本体会不到自己在家庭中的价值和能力。长此以往，一个懒惰和自私的小朋友就出现了。此时，父母一边抱怨自己辛苦，一边还埋怨孩子不帮忙、不感恩。那究其原因是谁造成的呢？家长们要好好反思一下。

儿童教育家陈鹤琴说过：做事的兴趣，愈做愈浓，做事的能力愈做愈强。作为家长，在孩子帮忙做家务时候，一定要及时鼓励，并让孩子成为家庭事务的负责人，自己只负责旁观，当孩子需要帮忙时，简单指导一下就可以了。这样才能让孩子更加愿意参与家庭事务，为家庭做贡献，从而体验到"我能行"

的快乐和自信，最终变成一个勤劳、无私的人。

第二，让孩子自己赚取和支配金钱，提高理财意识。

犹太人被公认为世界上最聪明的民族，他们对于孩子的金钱教育理念非常独到：8 岁开始就要孩子去打工赚钱，把钱储存在银行里；9 岁便要孩子制定一周的支出计划，购物时知道比较价格；10 岁就要懂得每周省下一点儿钱，以备大笔开支之需；12 岁开始制定并执行 2 周以上的开销计划，懂得正确使用银行业务的术语。

在我们的孩子还衣来伸手、饭来张口的年纪，犹太人的孩子已经学会了挣钱和制定支出计划，这不得不让我们感叹：放手能成就孩子！

从现在开始，让我们向犹太人学习，学习他们教育孩子的金钱管理理念吧，让孩子自己当家：自己支配压岁钱，自己通过劳动获取适当的报酬，自己去管理玩具、零食。相信在未来的某一天，您的孩子一定会成为独立且出色的人。

5. 如果孩子不想原谅他的朋友

孩子在与人交往的过程中经常会遇到各种小的矛盾和冲突，总会有一方被欺负觉得委屈，另一方则会迫于压力或者自身原因，选择道歉。更多的家长还会劝说受到委屈的孩子原谅他人，这到底对不对呢？

古语有云：未经他人苦，莫劝他人善。意思是说，没有经历过别人的痛苦，就不要去劝人大度、善良。孩子被欺负时受到的心理伤害，并不是一句"算了，没事，原谅他"就能解决的。

如果家长一味地强迫孩子原谅他人，结果就是孩子更加委屈，情绪更加激动，以后再遇到同样的问题，往往不再据理力争，从而变得懦弱和不自信。聪明的父母应该这样做：

第一，不想原谅可以不原谅，让孩子情绪得到释放。

沐沐是一个单亲家庭的孩子，非常懂事，也很乖。有一天上学，一个小男孩在教室打闹，把沐沐的小猪踩烂了，老师闻讯过来，要求男孩给沐沐道歉，男孩看了看地上的小猪，轻描淡写地说了句"对不起"。沐沐一下哭了起来，说道："我不原谅你，这是妈妈给我的。"原来沐沐的妈妈因为上班很忙，没工夫陪她，便让小猪代替妈妈陪着她。老师不知道小猪对于沐沐来说意义有多重大，对沐沐不依不饶的行为给予了批评，

这让沐沐无比伤心。

看似非常小的一个事情，在孩子的心里却比天大。沐沐所受到的伤害并不是一句简单的"对不起"可以弥补的，显然这位老师的做法有失偏颇。对于孩子之间发生的矛盾，最好让孩子自己来处理。但我们要告诉孩子，如果打心底接受不了对方的道歉，可以选择不原谅，或者当你想原谅对方时再去谅解他，给自己的坏情绪一个疏导的时间。

第二，同孩子探讨对错，引导孩子正面解决问题。

孩子是非常善良的，也是非常健忘的，尤其是幼儿时期，他们往往不会因为一件事情而记恨朋友一辈子，可能过个三五天，他们连发生了什么冲突都记不清了。但这并不代表做家长的可以完全不去理会。

当孩子情绪缓冲过来后，我们可以找一个时间，和孩子共同探讨事情发生的经过与对错，并告诉孩子：首先，自己的东西可以自己做主，这是你的权利；其次，面对不合理的事情，就应该大声拒绝，这是你必须做的；再次，生气的时候就要表达，不要隐忍，这是你可以发泄的；最后，事情发生后进行理性地判断，不要因为生气而做出一些错误的行为，如骂人、打人等，这是坚决不能做的。

告诉孩子解决问题的方法和原则，至于其他，由孩子自己来决定，即便他们可能会做错也不要紧。每一个人的成长都需要经历无数错误和挫折，这是走向成熟的必由之路。

6. 不管怎样，说话要算数

美国一项研究表明：小时候能够遵守约定的孩子，长大后不仅品德良好，学习能力和社交能力也更出色。"说话算数，言而有信"是中国几千年来的传统美德。然而，现实生活中有时却是这样的：跟孩子约定好玩半个小时就去写作业，结果时间到了，孩子就开始找各种理由不去执行，如果家长坚持，则会闹得人仰马翻。

在面对这种问题时，家长该如何做才能避免尴尬的局面呢？

第一，提前预警，做好心理铺垫。

德国心理学家曾指出：人类有一种自然倾向去完成一个行为单元，如去解答一个谜语，学习一本书等，这就叫"心理张力"。简单来说，就是一个程序并没有执行完，是无法去执行另外一个程序的，这不仅仅是针对大人，对孩子也一样。如果孩子正在完成的某个单元，还没有做完家长就强行阻止，孩子自然是不愿意的。

如果换一种方式，在与孩子约定好某一件事情的前几分钟，提醒他，时间快到了，那么，孩子往往会加紧速度，赶紧完成手上的事情，从而遵守时间约定。

需要提醒家长注意的是：在与孩子约定的时候，一定要有一个强调和加深印象的过程，可以和孩子拉勾，做好铺垫，让孩子在约定的时间内执行自己的承诺。

　　第二，以身作则，给孩子树立榜样。

　　萱萱有一次在河边玩耍，看到一个叔叔在钓鱼，出于好奇就跑过去跟那位叔叔问东问西，这个摸摸，那个碰碰，这使得钓鱼的叔叔有点不耐烦了。妈妈看到后，赶紧哄萱萱说："叔叔钓鱼需要安静，如果你跟妈妈走，妈妈带你买好吃的。"刚走到路边，就见到一个卖冰糖葫芦的老爷爷在那里吆喝，萱萱激动地说："妈妈，给我买糖葫芦吧！"但这时萱萱的妈妈却以吃太多糖不健康为由，拒绝了孩子。萱萱边哭边大声抱怨："妈妈说话不算数！"

这件事过去很久后，萱萱仍对妈妈出尔反尔的行为耿耿于怀。每当妈妈再对自己许诺什么，萱萱都觉得妈妈是在哄自己玩呢！

家长一旦言行不一致，小孩就会有样学样，对父母的话便不再信任，觉得自己被忽悠了。久而久之，便会无视约定。因此，作为家长，在与孩子约定的过程中，要时刻注意自己对孩子许下的承诺，自己的承诺能不能兑现，何时能兑现，这些都要考虑清楚。一旦答应，就要兑现，如果错过了兑现时间，要及时跟孩子解释清楚，并再次约定好时间，重新建立与孩子之间的信任。这样，孩子才会像你一样，遵守承诺，说话算话。

7. 快乐与悲伤，都是正常的情绪表达

孩子与成人最大区别是控制情绪的能力，但情绪本身却没有太大的区别。孩子在成长的过程中，感受和情绪变得逐渐丰富和成熟，他们会愤怒，会高兴，会害怕，会骄傲，会哭泣，会兴奋，这些都是正常的情绪表达方式。

负面情绪教会孩子成长，让他们的生命有了厚度；正面情绪教会孩子跨越困难，给他们的生活带来阳光。

当孩子正在慢慢经历或者懂得各种感受时，作为家长，要及时引起重视和有效引导，才能让他们的人格发展及社交能力得到长足的进步。

第一，允许孩子发泄不满，经历内心波折。

星期六的早上，济珂同学很早就起床了，兴致勃勃地对着正在准备早餐的妈妈说："妈妈，我去写作业了！"妈妈有点纳闷，对儿子说："妈妈早饭还没有做好哦！"济珂说："那我先写一下作业，然后再吃饭。"妈妈心想：奇怪了，济珂第一次这么积极主动写作业，肯定有什么事。

不一会儿，作业写完了，济珂对妈妈说："我能玩游戏吗？"妈妈一时间没有反应过来，说："马上要吃饭了，玩什么游戏！"济珂的情绪一下从沸点降到了冰点，竟然忍不住哭了起来："我早起写作业，就是为了早点玩游戏！"妈妈这才恍然大悟，等他稍微平复了情绪后，妈妈说："那就吃完早饭再玩吧。"济珂脸上立马露出了笑容。

与孩子相处，实际上是一个斗智斗勇的过程。他们有自己的小心思，有时也会像个谜一样，让你猜不透。但孩子的世界相对简单，他们行为的目的性往往很强。一旦目的没有达成，尤其是自己设定的计划被破坏的时候，他们会比成年人更容易发怒，这时就会通过哭诉表达情绪，寻找解决问题的方法。这个时候，家长不要一味地制止和批评，应该给孩子一段缓冲时间，让他们经历自己的内心波动，自己找到答案。

第二，引导孩子用语言诚实表达情绪。

小吉是一个成绩非常优异的小学生。新学年开始了，小吉想竞选班长，但老师直接指定了另外一个同学，这让小吉很不开心。回到家里的小吉，一言不发地躲到自己房间不出来。妈妈问他什么他都一言不发。妈妈没有办法，就对小吉说："妈妈知道你现在不开心，不想说话，没关系，等你想说的时候再跟妈妈说，妈妈永远都在这里。"

就这样过了一天，小吉才把事情的经过告诉妈妈。妈妈说："妈妈很开心你能跟我分享，这样很棒！老师这样做可能有他的原因，我们可以问一下老师。你也别难过，妈妈相信你的实力，说不定下一次老师就会直接指定你呢。"

很多一向优秀的孩子往往会因为一时失败而心里难过。这个时候，他们不想与他人讲话，选择了沉默的方式来自行消化。身为家长，千万不能忽略这个小细节，最好的方式是引导孩子用语言将情绪表达出来，从而驱除不良情绪，让孩子重获自信，快乐地学习和生活。

8. 鼓励孩子走出去，用自己的方式联通社会

为什么成功人士能够成功？因为他们的见识使自己拥有了眼界、格局和圈子，让他们具备了成功的条件。无论是成年人还是孩子，在面对困难的时候，见得多往往更能从容面对，见得少则会手足无措。

相比一个见了陌生人就躲在大人背后的孩子，能够站在人前侃侃而谈的孩子往往显得更加聪明、智慧。"酒香不怕巷子深"已经是过去时，想要孩子的才能不被埋没，最好的方法就是鼓励孩子去与社会联通，让他们用自己的方式展现出优秀的一面。

第一，3岁前鼓励孩子走出去，多跟小伙伴交往。

林林的奶奶很疼爱孙子。可林林每次出去跟小朋友玩的时候，经常因为被人欺负而哭得稀里哗啦，这让奶奶很心疼，但又找不到更好的解决办法，只能每次都是简单粗暴地将孩子抱走，然后带着孙子去别处玩或者回家。

上幼儿园后，林林的问题便出现了。他经常一个人在角落玩，很少跟小朋友交流，更别说能交到朋友了。

心理学家莱金·菲利普斯说："许多人不能与他人正常交往、和谐相处的原因，是因为他们在儿童时期没有学会基本的社会交往技能。"虽然，孩子的社交障碍并不是永久的，可能长大就会好很多。但孩子一旦被保护得太好，就会缺乏与同龄人沟通、交流的机会，从而失去很多朋友间的快乐。因此，家长要做的就是鼓励孩子多出去，跟小伙伴们交往，在磕磕碰碰中获得更多的社交经验和技能，在欢笑和眼泪中走过童年之路。

第二，尊重孩子用自己的方式去建立联系。

鑫鑫每次出门玩都会背上一个小书包，书包里面装满了各种各样的奥特曼玩具和卡片，爸爸特别不理解。直到有一天，爸爸看到鑫鑫在公园的空地上，将所有的奥特曼全部摆出来，并吸引了一堆小朋友过来。他这才明白，原来，鑫鑫是通过这种方式来寻找兴趣相投的小伙伴。爸爸既觉得惊讶又很欣慰，没想到这么小的孩子，已经有了自己结交朋友的套路，真是太了不起了！

物以类聚，人以群分。孩子也是这样，女孩子喜欢抱着毛绒玩具过家家，男孩子则喜欢奥特曼打小怪兽。到了一定阶段，孩子就会从小时候的玩伴中挑选、寻找和自己有着共同话题的朋友。他们会因为喜欢某个故事主人公有着聊不完的话题，也会因为没有共同的爱好分道扬镳。

作为家长，没有必要去限制他们，更不要将自己认为"有益"的友谊强行"塞"给孩子。他们会通过自己的方式来建立友谊和发现朋友。这样孩子的沟通能力、社交能力就会在无形中变得越来越强，从而收获一生的友谊，今后的人生道路也会越来越宽广。

9. 真正优秀的孩子从不忍气吞声

当自己的孩子被欺负的时候，不同的父母会有不同的解决方法。有的家长会本着"大事化小、小事化了"的心态，教育孩子"得饶人处且饶人""学会忍让"；有的家长会教育孩子被欺负了就该打回去。

万事以和为贵的确没错，但过度的退让却会让孩子变得胆小怕事；而有仇必报、以暴制暴的结果往往是矛盾升级，孩子也变成暴力的一份子。

那么，到底家长该如何教育孩子处理类似的事情呢？

第一，教孩子学会分辨，做出正确判断。

家长能帮孩子一时，却帮不了孩子一世。孩子终究会成人，终究需要自己独立地去面对冲突。家长能做的就是首先教会孩子学会如何分辨是不是真的被欺负了。因为有些行为只是朋友之间的一些小摩擦，有些则是恶意的攻击。在面对两种不同矛盾的时候，要做出正确的判断。

如果仅仅是因为一时的不合，朋友之间你推我搡几下，家长可以静下心来听孩子哭诉，站在中立的角度帮孩子分析利弊，至于接下去要怎样做，全看孩子自己；但如果是恶意中伤，那么家长就必须第一时间站出来，告诉孩子不要忍气吞声，并和孩子共同面对，寻找解决办法。

孩子只有学会了先分辨再做决定才能养成不惹事，更不怕事的行事作风，这样才有利于他们在今后的人生道路中形成正确的人生观和价值观。

第二，教孩子勇敢，学会拒绝与反抗。

多多经常被学校的一个男同学欺负，回家哭诉不想上学。爸爸知道后火冒三丈，于是带女儿去找学校讨说法。老师则秉着多一事不如少一事的和事佬心态，劝导他们。

爸爸知道说再多也无济于事，就想了一个办法。他给多多报了个跆拳道速成班，几节课下来后，当那个男孩再去欺负多多时，她摆开架势，三拳两脚打过去。后来，再也没人敢欺负多多了。

在教育孩子的道路上，善良和谦让只能约束自己，约束不了他人。我们教育孩子不去欺负别人，但是遇到被人反复欺负的时候，不要一味地妥协退让、忍气吞声，要让孩子学会拒绝与反抗。

除了像上面这位父亲一样，让女儿去学习一套防身术之外，还可以带着孩子去做一些类似于登山、探险、攀岩之类的极限运动，让他们从中学会勇敢与坚强，变得更加优秀、更加自信。

10. 让孩子在被爱下学会爱与感恩

孩子的心灵就是一张洁白无瑕的纸，当他正在给自己的人生描绘色彩的时候，他所看到的、所感受到的就是他的创作灵感，而家庭给予的爱，会直接奠定孩子今后的人生走向。

然而，现在有的家庭中，爱可能过于泛滥了。在这些家庭中，孩子就是一个太阳，父母宠，爷爷奶奶爱，所有的人都围着他转。但真正的爱不是没有限制和约束，也不是没有责怪和历练。我们的很多家庭，给予孩子的是没有边界感的爱，这样培养出的孩子只能是"小霸王"和"自私鬼"。

　　第一，让孩子知道你的付出并非理所当然。

　　曾经，在上海的浦东机场，发生过非常血腥的一幕：一位赴日留学 5 年的男孩对前来接机的母亲连砍 9 刀，导致母亲当场昏迷。

　　后来通过新闻了解，这其实并不是一个特别富裕的家庭，母亲为了孩子能接受更好的教育，省吃俭用供其出国留学。这个男孩在国外读书时从未打过工，所有的学费和生活费只会伸手向父母要。有一次母亲因手头拮据，拒绝了孩子的索要，这个孩子便愤然搭机回国，随后就出现了这悲惨的一幕。

　　现在很多孩子都是在父母的溺爱中长大的，无论什么都伸手索取，家长也会一一满足。然而，在这种没有界限感中成长的孩子，会理所当然地认为父母的付出是应该的，从而形成"以自我为中心"的性格。长此以往，孩子就完全不懂心疼父母，成为了"白眼狼"，甚至当需求被拒绝时，采取一些过激的行为。

　　家长们要知道，给予孩子爱非常重要，但这种爱给予到什么程度需要家长们自己考量。古语说"过犹不及"，这在任何方面都适用。虽然我们爱自己的孩子，但爱必须是有界限感的，一味付出并不会让孩子感恩。相反，在付出与索取的拉锯中，才能让孩子明白"得到是需要付出的"，这个世界上所有的付出都不是理所当然的，要学会感恩。

第二，利用特殊节日，让孩子学会付出和感恩。

母亲节的前一天，幼儿园开展了一次"爱妈妈"的育儿活动。老师告诉孩子隔天是母亲节，让孩子们以自己的方式来表达对妈妈的爱。孩子们七嘴八舌地讨论起来，有的孩子说要亲妈妈一下，有的说给妈妈送贺卡。有一个叫西西的孩子说要给妈妈洗脚，原因是妈妈每天都会给他洗脚，他觉得又暖和又舒服，所以想让妈妈也感受一下。西西的提议得到了老师的表扬，老师说："给西西点赞，懂得感恩和付出的孩子是最棒的。"西西听后脸上乐开了花。

事实上，很多孩子并非不知道如何去回报父母，只是更多的时候，家长错过了让孩子学会付出和感恩的时机。当孩子把他认为好吃的饼干递给妈妈时，是不是很多妈妈会这样说："妈妈不吃，你自己吃吧！"其实，正确的做法是，接过来香甜地吃下去，并告诉孩子，饼干很美味，谢谢宝宝！孩子送给你的不仅是饼干，更代表着他对你的爱和感恩。从这个角度看，当你拒绝孩子的时候，拒绝的可不单单是一份食物。

现在的节日很多，母亲节、父亲节、妇女节、重阳节等，都是一些有意义的节日，家长可以提前给孩子做做功课，引导孩子铭记家人的养育之恩，让他们用自己的方式表达出爱与感恩。

11. 一个人与很多人

现在很多孩子都是独生子女。在他们的生活中，基本上不需要和家庭成员以外的人交往，他们以自我为中心，也不愿意与人合作，"任性""自私"变成了他们的代名词，这也在很大程度上导致了孩子进入学校后成为"问题小孩"，走上社会后变成"问题少年"。

欧洲心理分析家 A. 阿德勒曾说："一个不懂得与人合作的孩子，一定会慢慢变得孤僻，并且滋生出自卑情绪，他的一生都因此受到不利影响。"

身为家长，如何利用现有环境，趋利避害，引导孩子乐于与人相处，与人合作呢？

第一，创造机会，让孩子在"冲突"中学会合作。

墩墩和憨憨是邻居。有一次两个小孩一起玩乐高积木，开始的时候各自玩各自的，一个搭建轮船，一个搭建飞机。玩着玩着，因为都要用同一块底板发生了冲突，互不相让。这个时候，墩墩的爸爸走过来，对他们说："看得出来，你们都需要底板，有没有一个好的办法，让你们两个都拥有底板呢？你们要不要试着把轮船和飞机组装起来，这样就会变成更强大的航空母舰！"听到这个建议，两个小孩顿时来了兴趣，开始一起商量组装的事情。最终，在他俩的合作下，一艘完美的航空母舰诞生了！

小朋友往往理解不了什么是合作，与其不停地说"你们要学会分享，要学会合作"，不如直接让他们体验一把合作的乐趣，在矛盾冲突中学会只有共享、合作才能解决问题，从而真正领悟到合作的益处和必要性，在无形中掌握合作的技巧。

　　第二，参加集体运动，激发孩子的合作精神。

　　在日本的体育教育中，特别注重孩子的集体合作，他们有一个很有意思的游戏，叫着"人工桥"。游戏是这样制定的：参加游戏的所有孩子都弓下腰，手拉着手，搭成一座长长的人工桥，然后让同组的其他成员从桥上走过去。如果这个小组的人工桥没有塌，而且人也跑过了桥，他们就算获得了胜利。

　　这是一个非常考验孩子之间亲密合作的游戏，也许很多父母会觉得这样很危险，也不舍得让自己的孩子被人踩，但不可否认的是，孩子从这个游戏中激发出来的合作精神是很难得的。

　　当然，除了这种锻炼以外，家长也可以让孩子参加一些类似于踢毽子、踢足球、打篮球等集体运动，这些都可以让孩子在玩的过程中学会合作，理解真正意义上的集体协作精神。

第四章

再见 100 分，不让学习成为负担

　　所有的家长都希望孩子考 100 分。关注孩子的成绩没错，但如果将孩子的学习能力、兴趣扔在一边，仅仅把目标定在满分，那便是大错特错。学习要遵循儿童的发育规律，先培养出学习动力，再让孩子掌握学习方法，有了这两点作为保障，孩子的学习之路才会越走越平坦。

1. 学习是件有趣的事情

人们常用"好好学习，天天向上"来鼓励莘莘学子勤学上进。然而，根据一项调查研究显示：喜欢学习的小学生仅占 8.4%，初中生仅占 10.4%，高中生更少。

由此可见，大部分的孩子是不喜欢学习的，他们的天性贪恋玩耍。这就需要父母和老师等按照孩子的天性，将学习与玩耍有机结合，从玩耍中激发出孩子的学习兴趣。

第一，用孩子的兴趣作为"药引"。

烁烁最喜欢工程车。他每天放学回家先摆弄各种工程车。一旦让他去看书，他就开始磨磨蹭蹭，讲条件，这让烁烁妈妈很是头疼。一次，妈妈在跟一位老师聊天时谈到烁烁的问题，老师就传授给烁烁妈妈一种方法：那就是买各种工程车的书给孩子看。没想到，这种方法竟然特别好用。没过多久，烁烁的兴趣点就转移到了书上，通过看工程车的书，不仅认识了好多字，专注力也提升了。

"兴趣是最好的老师！"任何一个孩子都有自己感兴趣的事情，有可能是某种玩具，也有可能是某种乐器，还有可能是

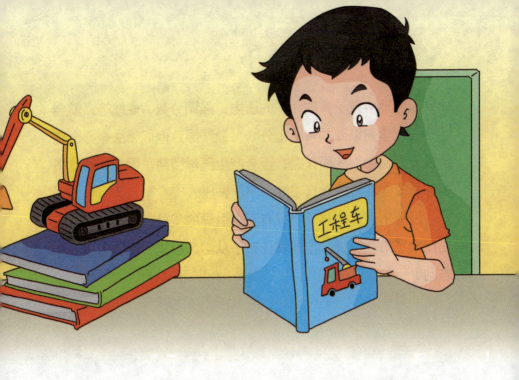

　　某种游戏。表面上看，这些都与正儿八经的学习没有任何关系，但是，只要家长能够开动脑筋，就能将孩子的兴趣转化成为学习的兴趣，也更容易让孩子发现学习其实并不无聊，反而通过学习能够了解更多有趣的事情，让孩子爱上学习！

　　第二，停止施压，避免孩子产生厌学情绪。

　　曾经有一位名师在开座谈会的时候说："如果学生在学习的过程中，背负了太多与学习无关的东西，就会使这个学生垮掉，如果我们忽视了学习的快乐，一味地探讨学习之外的压力，就会让学习变得无味！"

　　也就是说，学习本来就是学习各种知识和技能。作为家长如果不停地给孩子施加太多的压力，强调分数、成绩等，就会让孩子在学习以外的事情上分心，最终导致他们无法全心全意地投入学习中，久而久之，还会产生厌学情绪。因此，这就需要家长改变现有的教育思维，停止施压。

没有不爱学的孩子，只有不会引导的父母，作为家长，只要找准了方法，就一定能够让孩子从学习中找到自己的乐趣和志向。

2. 成绩不等于个人成就

《哈佛家训》中提到：成绩不等于成就。一个人的成绩好坏并不影响他的成就高低，虽然成绩好是成功的一个基础，但如果没有坚持努力一样不会有成就。

那么，在孩子求学期间，做家长的应该如何教育孩子成为有成就的人，而不是一味地关注成绩呢？

第一，明确告诉孩子成绩无法评定一个人的好坏。

在一次期中考试的时候，天天因为数学考了 60 分很伤心，回到家大哭了一场。他对爸爸说："爸爸，我觉得我很差劲！"爸爸在了解情况后，对天天说："孩子，爸爸知道你现在心里很难过，因为觉得自己考试没有考好，不过在爸爸看来，

你一点儿不差，你是一个有上进心的孩子，这样就足够了。"
听到爸爸这样说，天天心情立马变好了，赶紧到书房学习
去了！

作为家长，我们应该向天天爸爸学习，把眼光放长远点，
教育孩子，不要因为一时的成绩好坏，而否定自己，轻视自己，
要让孩子在一个有爱的环境中自信茁壮成长。

第二，让孩子在学之前明确学习的目的。

美国影片《男家庭保姆》中有这样一段经典对白。男主角
问雇主的三个女儿："孩子们，去学校干什么？"孩子们回答：
"学知识。"男主角问："为什么要学知识？"孩子们回答：
"考大学。"男主角问："为什么要考大学？"孩子们回答：

"为了找到适合自己的工作。"男主角问:"为什么要工作?"孩子们回答:"为了得到别人的尊重,为了不让人把自己当作路边的小狗一样任意地打骂。"

男主角通过一步步地追问,让孩子们自己去思考学习的目的,从而自主选择学习,不得不说这是一个非常有意义的正面引导。一位清华大学的教育学者在演讲时说,清楚自己想要什么的孩子往往最有出息。因此,家长要教育孩子,不要为了学而学,而要带着明确的目标去学,这样才能在成长道路上不迷茫。

3.培养良好的读书习惯

博览群书、知识渊博是每位家长对孩子的期望。然而,伴随着各种电子产品的层出不穷,传统的阅读方式受到了极大的冲击。很多家长为了省事,会通过手机或者平板等新兴媒介来给孩子讲故事,看故事。这种舍本逐末的方式有可能逐渐让小孩丧失了读书的兴趣,更谈不上养成良好的读书习惯了。

童话大师安徒生的故乡丹麦,是一个特别重视教育的国家,也特别重视培养孩子们的读书兴趣。无论是在地铁上,还是公园的长椅上，都有人们捧着书本读书的身影，即便是电子产品出现后，也没有因此而丢弃传统纸质阅读，儿童阅读图书量反倒有所增加，这与家长的重视不无关系。

如何才能给孩子营造一个良好的氛围，让他们养成良好的读书习惯呢？

第一，亲子共读，坚持每天给孩子讲绘本。

糖糖1岁多的时候，妈妈就每天坚持给他讲绘本故事。刚开始，小孩子根本就不用心，有时候还会撕扯绘本，妈妈一度想要放弃。但经过半年时间的坚持，有一次在儿童绘本馆，糖糖独自专心致志地坐在地上翻阅绘本的那一幕迎来了好多家长的瞩目和赞许，这让糖糖妈妈欣慰不已。可见，在长久的伴读过程中，孩子已经不知不觉中养成了阅读的好习惯。

孩子的阅读兴趣不是天生的，习惯的养成也不是一朝一夕的。亲子共读就是让孩子爱上阅读最好的方法，不仅仅是在婴幼儿时期，学生阶段也需要家长坚持亲子共读。只有家长坚持，孩子才会慢慢产生兴趣，才能奠定他们今后自主阅读的习惯。

第二，创造条件，给孩子营造良好的读书环境。

曾经有一项调查，跟踪记录两个不同家庭的孩子，其中A家庭父母均是工薪阶层，但母亲有阅读的习惯，家里书比较多。B家庭父母也是工薪阶层，工作较忙，平日没空看书，所以家

中没有藏书。针对这两个不同家庭的孩子，经过对比发现：两个孩子在学校正常上课时的进步是差不多的，但每次放长假回来，如暑假或寒假，差距就拉开了。究竟是什么原因导致的呢？原来，在假期里，A家庭的孩子多数的时间是在阅读，而B家庭的孩子的多数时间是在看电视。

现实正是如此，如果您家里连一本书都找不到的话，光靠孩子在学校里读的几本课外书，很难让孩子对阅读产生浓厚的兴趣。做家长的可以经常带孩子去图书馆，让他感受一下读书的氛围，也可以给孩子购买一个单独的书架，准备不同类型的儿童书籍，让孩子有一个良好的读书环境，那么，孩子自然而然地便会对阅读产生一定的兴趣。

阅读对孩子的影响是潜移默化的，短期内可能很难看到明显的效果，家长千万不能急功近利，一定要慢慢培养，用心灌溉，最终会看到孩子"质"的飞跃。

4. 会玩的孩子更会学

现代社会教育竞争越来越激烈，更多的家长将这种焦虑映射到孩子身上，时刻想着孩子能不能多学点知识，认为玩就是耽误学习。事实真的如此吗？

实际上，有关脑力和体力结合的游戏，更能吸引孩子的参与感，让他们在玩的时候，不自觉的开动脑筋，带动其他方面发展，从而获得他们生长发育所需要的锻炼。而家长也能见到孩子在玩中展现出的天性，从而利用孩子天性中有潜力的那一部分，加以引导，帮助他们在学习上也展现出相同的出色能力。

然而，一门心思地的学习往往无法使孩子完成生长发育所需要的足够的锻炼。如果在这个时候，让孩子们充足而自由地玩耍，不仅有利于他们大脑的发育，也更有利于学习能力的培养。

第一，聪明的孩子对一切事物都感兴趣，玩就是在学。

　　琪琪很聪明，还没上一年级就认识很多字，很多家长都去问琪琪妈妈是怎么教的。琪琪妈妈面露难色说："我从来就没有教过他认字。"大家很是怀疑，还以为琪琪妈妈故意不透露呢！不过事情的真相还是由琪琪奶奶暴露了，她跟邻居们说："我家孙子对啥都好奇，儿媳也特别爱玩，于是就带着孩子到处玩，这个景点叫什么孩子要问一问，那个火车是开往哪里的孩子也要问一问，没想到，孩子边走边学就认识了很多字。"

　　教育学家陶行知曾说过："行是知之始，知是行之成。"意指实践才是获得知识的必经之路，只有实践才能出真知。喜欢玩、会玩的孩子一般都是乐观开朗、富有想象力和创造力的，他们具有强烈的自我发展倾向，家长们完全不用担心孩子一心只顾玩，不好好学习。孩子们正是通过玩来还原生活常识，探索学习知识，在玩中学，在玩中悟，从而收获更多。

　　第二，给足孩子"精神食粮"，让他们玩够。

由于特殊原因，学校线下课改为上网课，乐宝妈妈很是烦恼。不过，在这期间，乐宝妈妈却发现一个很有意思的现象。事情是这样的，每天上午乐宝上完网课后，妈妈就带着他出去跟小朋友玩，一直尽情玩到下午两三点，然后再回家写作业。但让妈妈奇怪的是，自从能够每天尽情玩耍后，写作业这一大难题，现在竟然丝毫不费劲儿了。乐宝不仅写作业的效率提高很多，并且错误率也降低不少。

这是什么原因呢？玩就是孩子们的精神食粮，玩使得孩子的运动细胞变得活跃，在运动细胞得到完全释放以后，他们心情很愉悦、精神很亢奋，专注力和记忆力就会得到很大的提高，在这种情况下，学习的效率自然也会提升。反之，一天到晚关在教室或者家里学习，不仅身心疲惫，压力也没有得到释放，效率自然很低。

孩子的童年说长不长，说短不短，但正是这样一段岁月，给孩子提供了玩耍的良机，让孩子尽情玩吧，玩得越足，智力越发达。

5. 丢掉死记硬背，提高记忆能力

相对于"记住"，孩子更擅长"忘记"。对于学龄期的孩子而言，最不喜欢大概就是背诵课文。多数孩子不了解背诵方法，往往都是一味地死记硬背，一首唐诗、一篇课文往往要花好长的时间才能记住，不仅浪费时间，记忆也不牢固。

看过《最强大脑》节目的人可能会发现，那些最强大脑的选手并非记忆力超群，而是能够通过一些科学的方法来记住海量的信息。作为家长的您，是否也该丢掉让孩子死记硬背的做派，通过有益的方法来帮助他们提升记忆力呢？

第一，让理解成为记忆的"垫脚石"。

在老师的要求下，宁宁每天要背诵一首唐诗。作为一个7岁的孩子，能把唐诗上的字认全都很困难，所以只能借助拼音来慢慢朗读、背诵，这让宁宁觉得很吃力，甚至有些反感。妈妈发现这个问题以后，就找到了一个小帮手——平板电脑，通过搜索唐诗相关的动画让宁宁先理解，然后再背诵，这样一来，宁宁不仅背诵得很快，并且对唐诗也产生了更浓厚的兴趣。

对于孩子而言，生活经验和认知本就不够丰富，再加上背诵内容中一些晦涩的词语，要记忆确实很难，如果没有足够的理解，不仅消耗了时间，也会将孩子的耐心消耗掉。因此，想要提高孩子的记忆力，首先要做的就是积极引导孩子通过思考或者更进一步地讨论，在理解的基础上增强认知和记忆，这样背诵才不会机械，也更有意思。

　　第二，让良好的生活习惯为记忆提升"添砖加瓦"。

　　星期六的早上，新宝正在大声朗诵每天都读的《日有所诵》，但新宝妈妈发现这天有点不一样：平时读个一两遍就会背的，今天读了好多遍还是背不下来，到底怎么回事？原来是这样的，新宝在周五的晚上看了很久漫画书，直到深夜11点才入睡，睡不饱所以完全不在状态。

　　新宝的情况就属于典型的睡眠不足导致短时记忆下降。一项研究结果显示，人体注意力的器官——大脑额叶皮质会受睡眠质量的影响，如果睡眠情况不佳，那么孩子的注意力和记忆力就会受到很大影响，就算是背诵简单的词语都会相对吃力。所以，养成良好的睡眠、生活习惯对于孩子记忆力至关重要。

　　需要提醒家长注意的是：不良的饮食习惯、单一的营养，也会导致孩子的记忆力下降。所以我们既要关注孩子的学习，更要给孩子准备营养丰富、多元化的美食，促进孩子脑细胞的生成，加快神经中枢之间的信息传递，从而提高孩子的记忆力。

6. 更好的成绩是每次超越自己

如果将孩子的人生比作一场长跑，短时间内让他跑完 5000 米，难上加难！但如果每天让他跑 500 米，一直坚持下去，不久就会发现，您的孩子已经可以轻松地完成这个长跑了，当然，最好每天比昨天努力一点儿。

孩子的每一天都是崭新的开始，每天都在面对不同的事情，接受新鲜事物，可能还会承受挫折。新的一天还是会到来，对于孩子这一趟永不回头的列车而言，路上最大的敌人，往往不是别人，而是自己。每天超越昨天的自己一点点，就是人生最大的胜利。

第一，不给孩子贴标签，适当采用善意的谎言。

有一部泰国的短视频，讲述的是一位母亲教育孩子的故事。每当孩子训练的时候，教练总是跟这位母亲说孩子基础不好。但孩子问妈妈教练说了什么的时候，妈妈总会说："教练说你很努力！"可孩子经过努力，训练课程还是赶不上其他的伙伴。这个时候，母亲就会跟他说："没关系，努力去超过前面那个自己就好了！"

虽然视频中的这位母亲也在不停地做思想斗争，思考自己这种做法到底对不对。后来在赛场上，孩子看到观众席上妈妈为他加油打气，想到了曾经努力的自己，忘乎所以地投入到最后的比赛，终于为团队赢得了关键的一分。

美国心理学家本杰明·布鲁姆说过：许多学生在学习中未能取得优异成绩，主要问题不是学生智慧的欠缺，而是由于未得到适当的教学和合理的帮助。相比较不停唠叨孩子要努力，去鼓励孩子形成不停超越自己的思维更有实际意义。这才是在尊重孩子水平的基础上更合理的帮助，即便在这个过程中要说一些善意的谎言，也是无伤大雅的。

第二，日复一日，积跬步汇成大河。

已经上二年级的米米每次速算都用手指掰着算，这让她的父母很着急，为了寻找好的方法，米米的爸妈寻求了老师的帮助。老师教给他们一个方法：给米米准备一个速算本，每天让米米

写 5 分钟，不多不少，让他自己记住前一天写了多少，第二天写了多少，每天只多一题都是进步。米米的爸妈按照这个方法，实验了 2 个月。结果，功夫不负有心人，米米的速算进步很大。

中国古代思想家荀子《劝学》有云："不积跬步，无以至千里；不积小流，无以成江海。"这说的正是不断积累、不断努力超越的过程。当然，在这个过程中，需要家长跟孩子共同努力，不要三天打鱼两天晒网，每天必须要有实实在在的收获。告诉孩子，我们可以慢一点儿，但要一直前进；我们可以差一点儿，但要每天进步。

7.慎选提高班，基础更重要

中国家庭成千上万，但家长的目标大致一样，让孩子好好读书，考上好的大学。因此，很多家长在孩子还没上小学时就费尽心思给孩子补习，先是幼小衔接，再各种强化训练，充满焦虑的家长将孩子们捆绑在各种各样的学习班里。

即便这样，孩子的成绩真的就好了吗？普遍存在的问题往往是家长们钱花出去了，孩子单薄的肩膀却被压得不堪负重，到头来竹篮打水一场空，成绩一如既往，甚至更差。如何才能走出补习班误区呢？

第一，不要把补习班当救命稻草，培养孩子能动性。

玄子上四年级，是个非常懂事的孩子，但她的成绩不是很理想。父母为了帮助她，给她报了语、数、英三个补习班。玄子虽然很辛苦，但也不敢抱怨，每天都是按照父母的安排准时准点上网课，时间被安排得满满的。即便是这样，她每次考试的成绩仍旧倒数。这让玄子的父母很纳闷。

究竟是什么原因呢？类似于玄子这样的孩子非常多。他们努力按照父母的要求去做，但更多的却是表演，让父母或者老师看到自己在努力，实际上却是做做样子，内心根本没有学到任何东西。并且，因为有补习班，孩子的依赖思想越来越严重，即使上课没有听懂，也不会去问老师，心想反正有补习班。时间一长，就不会主动地查漏补缺，自然成绩上不来。

对于这类孩子，家长要做的就是摒弃培训班，让他们养成自己检查作业、自己发现问题的好习惯，变被动订正错误为主动发现问题。只有这样，孩子才能进步。

第二，寻找问题背后的原因，从基础做起。

虫虫是个很调皮的孩子，幼儿园期间就总是被老师找家长，说他不遵守规矩，纪律性很差。虫虫的父母很担心他上了小学会完全跟不上。于是，在暑假期间父母给虫虫报了一个幼小衔接班。结果，规矩没有立成，问题更多了。上小学后，虫虫经常跟老师抢答，老师不点他的名他就闹脾气，上课也不专心，不仅让老师头疼不已，也让爸爸妈妈操碎了心。

这就是典型的舍本逐末的做法，关键问题没有解决，反而滋生更多新问题。清华大学一位教授就曾经劝诫家长们，不要盲目地给孩子上补习班，如果是认知上有缺陷，上补习班是没有任何效果的。其实，虫虫最主要的问题是不遵守规矩，而上幼小衔接班只能让他觉得课上的知识自己都懂了，不需要认真学，注意力就更加不集中。

对于一些问题小孩，做家长的应该找到症结所在。不爱学习的孩子，先引导他们在学习中找到快乐；不专心的孩子，培养他们良好的专注力；上课打瞌睡的孩子，养成规律的作息时间等。先从最基础的事情做起，真正去解决孩子根本上的问题，提高班并不能解决孩子学习过程中出现的所有问题。

8.培养孩子累积知识的技巧

　　蜜蜂之所以能够酿蜜，是因为它辛勤地采集了各种各样的花粉；大海之所以无限宽广，是因为它接受了涓涓细流。学习说到底也是个由表及里、由浅入深不断积累的过程。无论是孩子还是成年人，都需要通过不断地积累，才能让眼界更开阔、认识更深化、能力更强。

　　作为家长，如何在孩子快速吸收知识的年龄帮助他们积累更多的知识，掌握积累知识的技巧呢？

第一，准备资料剪贴本，让孩子学会收集。

恩格斯一生博览群书，记忆力惊人。他读书的时候最喜欢的就是做笔记。他曾研究了1500多种书籍，笔记就有100多本。为了方便查阅，他还对许多笔记编制了目录和内容提要，然后放到特定的地方，方便随手查阅。这为恩格斯出版《自然辩证法》《反杜林论》等著作奠定了基础。

一般学识渊博的人都有一个良好的习惯，就是将平时所看到的可作为资料的文字进行记录、归类、整理，时不时地拿出来看一下，以备不时之需。正所谓好记性不如烂笔头，没有真正意义上的最强大脑，有的只是不断地积累，将平时积累的知识通过记录、消化，从而转化成自己的东西，才变成了我们看到的最强大脑或神童。

家长要做的就是：为孩子准备资料剪贴本，配上剪刀和胶水，并同孩子一起动手，将阅读看到有用的知识进行记录、剪贴，然后归类整理，在剪剪贴贴中愉快地完成知识的收集与归类，并告诉孩子搜集这些东西的目的和意义。让孩子养成良好的积累习惯，从而使其受益终身。

第二，敢于提出问题，并在答案中累积知识。

中国历史上著名的医药学家李时珍，可以说是一位医学奇才。他在阅读古典医籍的过程中，发现了古代书籍中存在的一些问题。为了弄懂这些问题，他在父亲的鼓励下，去全国各地采集药材，并且向当地的百姓询问和药物相关的信息，最终成功完成了他的巨著《本草纲目》。

在孩子的世界里，知识的积累就像一个圆圈，随着圆圈面积的扩大，需要探索的就更多。只有鼓励孩子多提出问题，才会让他在探索的深度和广度上不断拓展，他的知识积累也会越来越深厚。因此，鼓励孩子勇于质疑，敢于提问，让孩子用发散性的思维去认知世界，哪里发现问题，就去解决哪里的问题；出现几个问题，就去寻找几个答案。像少年李时珍一样，带着对前人的质疑去寻找答案。

需要提醒家长的是，在鼓励孩子多提问题的同时，也要善于引导孩子从多层面、多角度发现问题，这样他们从答案中获取的知识将更丰富、更多元化。

9. 古典文化是给心灵最好的滋养

中国古典文化源远流长，是中华民族杰出的艺术创造和丰富的情感记录，它不仅能够引导人走向真善美，还能培养人的胸襟、情操和气节。这也正是：腹有诗书气自华！古典文化能够让孩子通过文字与哲人隔空对话，从而产生精神寄托，获得不竭的动力和正能量。所以，从现在开始，让孩子在古典文化的熏陶中茁壮成长吧。

第一，文化由浅入深，引导从小开始。

参加《中国诗词大会》节目的 5 岁小朋友王恒屹，让人印象深刻。节目中主持人随便翻到一页本诗词书，提个诗的开头，他就能很快脱口而出。从 300 首唐诗中，随便挑选 10 首唐诗，每首随机保留 3 个字，剩下他都能全部填写完整。这让观众无不惊讶。这位小神童的妈妈表示，他们从小就很注重培养孩子对传统文化的兴趣，通过互动的方式让他爱上古诗词，从简单的《三字经》开始，一直到现在，已经能背诵古诗 500 多首。

可能很多的家长都觉得王恒屹就是人们常说的"别人家的孩子"，也许更多的父母会说："我们家孩子对古诗词没兴趣。"然而，别人家的父母所付出的努力也是不言而喻的，别人家孩子的兴趣也是慢慢培养出来的。人类的大脑都是本着越用越聪明的，尤其是孩子。家长要做的就是引导，从最简单的《唐诗三百首》《三字经》开始，由浅入深，从小培养，让孩子接受传统文化的熏陶，感受古典诗词的意蕴之美。

第二，熏陶由内而外，从自身开始。

法国是一个浪漫的国度，法国电影中的人物也总是散发着一种气定神闲的优雅。这是因为法国人从幼儿阶段开始，就会在父母阅读诗词、散文等法国的经典作品的熏陶中成长，法国家长但凡有空闲的时间，都会带着孩子阅读，真正起到"润物细无声"的作用，也正是这种对古典文化的喜爱使得法国人身

上散发着独特的优雅气质。

中国作为一个有着五千年悠久文化历史的国度，有很多传承至今的文化经典值得去阅读。从现在开始，让我们静下心来，陪伴孩子逐字逐句地去看看《三字经》，去体会一下《论语》中的哲学思想，在诵读唐诗宋词中感受韵律之美。久而久之，以传统文化为底蕴的独特魅力便会在孩子身上尽情展露。

10. 不限制读书范围，给孩子阅读的自由

为了让孩子能够远离电子产品，阅读更多的书籍，家长们费尽心思，不停地给他们灌输"读书好、读书有益"的思想，

并且花大量的工夫给孩子精挑细选自己觉得有用的图书，但往往忽略了最重要的一点：读书，是孩子自己的事情。

南京师范大学虞永平教授曾指出："阅读不是成人对儿童的恩赐，不是儿童生活中可有可无的一件事，阅读是儿童内在的需要，也是儿童的权利。"也就是说，读什么书应该由孩子自己选择，而不是由父母决定。

孩子的阅读与成人的阅读有很大的区别，他们往往是游戏性的，并且喜欢在舒适的环境中阅读，有可能是趴着，也有可能是坐地上。但有的家长会因为这些小问题去责备孩子，在孩子正在阅读的兴头上去打断他们。这样做的后果就是，孩子的读书兴趣和专注力被破坏。如何尊重孩子的天性，顺势而为，让孩子有一个自由阅读的空间呢？

第一，自由选择，不给孩子规定阅读时间。

寒假时，源源的老师给家长发了一张意见清单，其中包含了各种推荐书目、建议阅读时间等，为了完成老师规定的任务，源源妈妈照单全收。每天早8点、晚7点都是孩子的阅读时间。而源源最喜欢读的小牛顿科学馆系列，也被强制替换成老师推荐的必读书目。就这样过了一个月，原本可以每天自己阅读一两个小时课外图书的源源，被这种强制性的规定弄得很厌烦，甚至跟妈妈说，再也不想看书了。

阅读时，尤其是读到精彩部分的时候，孩子会像被磁铁吸住一样，沉迷其中，完全不受时间限制。但是他们也有自己不想阅读的时候。譬如晚上 7 点，源源想要观看动画片，此时的他根本没心思看书。家长一味地去强迫孩子按照老师规定的时间阅读，即便孩子能完成要求，也只是一台阅读机器，不带脑子，不上心，无形中浪费了宝贵的时间，甚至会出现厌烦情绪，适得其反。聪明的做法就是尊重孩子的阅读时间，不设限、不强迫。

第二，少些功利，不给孩子增加阅读负担。

为了能够提高巍巍的阅读理解水平，妈妈每次都会要求他在读完一本书以后写下读后感，有时候还规定字数。刚开始的时候，巍巍勉为其难地写了，可是越往后，这种附加题就越让他反感。为了逃避写读后感，巍巍直接找理由出门，不在家里看书了。

打击孩子阅读积极性的很大一个因素就是带目的性的阅读。因为功利性太强，让孩子在阅读的同时去完成任务，这无疑加重了孩子的心理负担，让本来喜欢阅读的他们积极性一下消失殆尽。

　　没有谁规定读书一定要写读后感，一定要全本读完。如果孩子读了几页，觉得没意思，他完全有弃读的权利，因为他们现在读不懂的、不感兴趣的书目可能在两年后，就会读懂，便会感兴趣。所以，请尊重孩子的阅读兴趣和阅读习惯，让他们为了喜欢而阅读，而不是为了读书去阅读，给予孩子充分自由的阅读自由，才能让他们从中收获更多。

第五章

好的陪伴，是与孩子一起成长

任何一个家长都有为人父母的忐忑和焦虑，既想给孩子最好的物质生活，又想时时刻刻陪在他身边，不错过每一次特别的成长。其实，孩子有自己的成长轨迹，物质需求可能并不多，家长想给孩子的山珍海味与乐高、洋娃娃有时只是自己的一厢情愿，孩子更想要的是一起踢球、一起散步、一起读书的温暖陪伴。

1.给孩子有界限的爱

每一个生命的诞生，都是上天的赐予。从孩子呱呱坠地，到他长大成人的历程，其中的每一步，都伴随着父母的爱。

不过，父母的爱却不等于溺爱。作为父母，应该明确爱也是有原则和边界的，尤其是对孩子的行为要给予明确界限，不能让孩子养成骄纵的品性。

孩子成长的道路非常漫长，家长应该在孩子小的时候就告诉他什么事情该做，什么事情不该做，并且在孩子做错的时候及时纠正，才能让他在有界限的爱中成为更优秀的自己。

第一，不用自己的判断来干扰孩子。

夏天，喜宝跟着爸爸妈妈去植物园玩。当他们走到荷花池边时，看到满池盛开的荷花，喜宝开心坏了，刚刚准备用手去触碰一下池边荷叶的尖尖角，可妈妈突然大声地喊道："喜宝，不能这样，小心掉下去！"他吓得赶快把手缩回来。但好想碰一下荷花的心情迫使他偷偷瞄着妈妈，趁妈妈不注意，赶紧摸了一下，然后心满意足地蹦跳着去其他地方探险了。

孩子对新鲜事物的好奇是天性使然，他们在好奇心地驱使

下会去做一些大人觉得很危险的事情。这个时候，孩子考虑的并不是安全与否，而是好不好玩。但是，父母会在潜意识界定：做这个事情是危险的，要将一切危险的事情扼杀在摇篮里。但结果怎样呢？孩子往往会走向两个极端：一种跟喜宝一样，不让我做的我非做；另一种是变得胆小，缺乏自信。所以，家长在给予孩子无条件爱的同时，不要过多地用自己的判断来干扰孩子，在保证安全的前提下给他们预留足够的空间，让他们学会成长。

第二，教会孩子做"社会人"的规矩。

曾经有这样一则新闻：在一个火锅店里，一个小男孩看到一位年轻姑娘在玩手机游戏，于是凑过去看，看着看着，便强行要拿过来自己玩，对方当然拒绝了他。他一气之下往姑娘的火锅里吐了口水。姑娘便过来找小男孩的父母理论，孩子的父母不但没教育孩子，还轻描淡写地说："孩子小，不懂事嘛，你不要计较，让一下就好了。"就在这时，小男孩趁大家都没注意，舀了一勺滚烫的火锅汤泼在年轻姑娘身上……

"熊孩子"之所以成为"熊孩子"，并非天生使然，更多的原因是父母没有给他规定界限，给了他没有原则、无法无天的爱。孩子在犯错的时候，作为父母，没有第一时间出来制止，而是无限纵容，助长他们的气焰，这就会导致孩子更加有恃无恐，让得寸进尺变成恶作剧，甚至更加严重的伤人事件。作为家长，一定要教会孩子作为"社会人"的基本属性，遵守规矩，树立正确的是非观。虽然父母爱孩子是天经地义的，但这种爱必须是有边界、有规则的。

2. 全权代劳不是更好的爱

古语有云："父母之爱子，则为之计深远。"意思是说父母如果真的爱自己的孩子，就要为孩子的长远做考虑。这是一句值得父母深思的话。

为人父母，爱自己的孩子无可厚非。但无论有多爱，都无法陪伴他走完下半场的人生道路，无法全权为他代劳，更没办法帮助孩子解决所有的人生困惑。

　　父母唯一能做的，就是传授给孩子自己的人生经验，也要相信孩子内在成长的力量，学会放手，让他学会正确的做人做事方法，让他们有能力去独立接管自己的生活，成为独当一面的人。

　　第一，让孩子自己去选择，自己去判断。

　　曾经有一位主持人，讲述自己跟女儿的相处经验，他说：有一次他给女儿买了一件新衣服，女儿非常喜欢，总穿它。但后来天气越来越热，女儿还是要穿。这个时候，自己并没有阻止，而是顺从女儿的意思。等到她自己穿出去热得满头大汗，才主动要求换掉。

这种事情其实经常发生在父母与孩子的相处过程中，甚至网络将其总结成"妈妈觉得你冷"或"姥姥觉得你冷"。其实，孩子有自己的想法，也有自己的判断，父母如果开始就阻止孩子去自己选择，那结果就是双方僵持或者一方压倒另一方。相反，如果让孩子自己去选择，他通过实践发现原来这种选择是错误的，也可以及时纠正自己，还能避免再次犯同样的错误。所以，学着做能等待的父母，适时忍一忍、缓一缓，给孩子时间，让孩子自己抉择。

第二，孩子的事情自己做，家里的事情帮着做。

诺贝尔医学奖和生理学奖得主巴拉尼，年幼时期因患上了骨结核，导致膝关节永久僵硬。但父母并没有因为他身体残疾而处处迁就他，而是甩手让他自己完成自己的事情，并要求他帮家里做一些力所能及的小事。同时也对他说："我们并不会因为你生病而对你特殊照顾，因为除了你自己，没有人能陪你一辈子，你只有拥有自理能力，才能独立自主，但我们也希望你明白，我们是永远爱你的。"

看似有点不近人情的家庭教育方式却成就了巴拉尼非凡的人生。对于巴拉尼的父母而言，独立是掌握未来人生的第一步，只有迈出这坚实的第一步才有美好的未来。所以，他们从小就注重培养孩子的自理能力和独立精神，而不是因为他身体残疾而全权代劳。如果您现在还在无条件地帮孩子做这做那，家庭琐事大包大揽，那请您赶紧放开双手，让孩子尽一份家庭成员的责任和义务吧。

3.放下手机，给孩子高质量的陪伴

　　随着社会的快速发展，智能手机成为我们生活中不可或缺的物品。手机给我们生活带来便捷的同时，也悄然改变着我们的生活方式，越来越多的家长开始忽略身边的人，包括孩子。更有甚者，一边在微信上跟朋友抱怨孩子痴迷电子产品，一边自己刷短视频刷到半夜。请问一下，您自己都对手机乐此不疲，还有什么理由责备孩子呢？

　　试想，一个家庭中，一家三口或者是四口，全部都坐在一起玩手机，那这个家庭需要靠什么来维系，家庭的温暖又在哪里？放下你的手机，用心陪陪自己的孩子吧，别让手机成为你与孩子之间的一道隔阂，也别让家庭的温暖被电子产品的冰冷

取而代之。

第一，警惕手机带来的危害。

很多家长在遇到孩子哭闹、不情愿安静的时候，往往就塞给孩子一部手机，让他去看动画片，或者去打游戏，以此来代替自己安抚孩子的情绪。这种方法不得不说见效很快，因为孩子可以马上安静下来，父母也可以去做自己的事情，完全不用担心孩子会胡闹。不知不觉中，手机就变成了父母的"哄娃神器"。

"苹果手机之父"乔布斯，虽然创造了智能手机的神话，但对于自己的孩子，他却是严格限制孩子在家里使用智能产品，因为，他自己知道这个东西给孩子带来的"弊"大于"利"，无论是身体，还是心灵。

排除天生视力不佳的原因，看看那些早早戴上近视眼镜的孩子就能知道，过早接触屏幕伤害不小；再看看那些上课爱走神、静不下心来的孩子也能知道，玩电子产品导致的专注力下降、多动等影响多大。

所以，为了预防手机给孩子带来的危害，家长要先从自身做起，放下手机，或在与孩子相处中暂时不用手机，不要让孩子向家长学习，成为手机的奴隶。更不要让孩子以为，家长手中的手机比孩子更重要。

第二，投入情感，做好孩子的灵魂伙伴。

曾经有一位小学生写了一篇《爸爸，我想对你说》的小作文，引起了社会的广泛关注。这位学生在作文中描述了爸爸玩手机的一天，每天吃早饭时玩，上厕所时玩，睡觉前玩，好像没了手机就活不下去一样……在作文的最后他写出了自己的心声：爸爸，您可以放下手机，跟我下一会儿象棋吗？爸爸，您能放下手机，陪我去骑车吗？

这位小学生写的家庭日常，其实也是大多数家庭的真实写照，孩子让人心疼的诉求也表明了孩子需要的是有情感的父母高质量陪伴，而不是人在心不在的空心壳子。

只有高质量的亲子陪伴，才能让孩子与家长走进彼此的内心，让亲子关系的桥梁更坚固，才能让孩子有更强的安全感和更健全的人格。

4. 有效沟通，成为孩子的倾听者

很多家长经常会遇到这样的困惑，提醒孩子很多次的事情，孩子总是反复多次地再犯。比如从衣柜拿出衣服后要把衣柜的门关好，上完厕所以后要把马桶盖盖好，孩子当时可能会说："好，我下次注意。"但下一次，依旧如故。

这是什么原因呢？主要是家长在与孩子沟通的过程中，花费了大量的时间在跟孩子讲废话，尤其在孩子犯错之后，没完没了地给孩子讲大道理，孩子根本就没有听进去，所以才会一而再、再而三地犯同样的错误，这就是无效沟通。所谓的有效沟通，是找到关键点，如孩子为什么不喜欢盖马桶盖，可能你问过之后，他会委屈地跟你说："如果盖上，我就看不到臭臭是否被冲干净了。"原来孩子是想再次确认和检查。此时，你只需要针对这一点来跟孩子解释就可以了，这样进行的便是有效沟通。

孩子的世界和想法本来就很简单，如果家长一味地给孩子灌输太多无关紧要的信息，不抓住重点，那注定是一场无效的沟通，如何做才能让孩子听得懂，做得到呢？

第一，把主讲权让给孩子，用心倾听他们的想法。

曾经很火的一部电视剧《我的青春谁做主》中，妈妈一心一意想要把女儿培养成才，花费了大量的时间和金钱把孩子送到国外留学。结果，孩子却拿着妈妈给的学费和生活费回国开了一家餐厅，因为她特别热衷于厨艺。被蒙在鼓里的妈妈知道后犹如晴天霹雳，与自己的女儿发生了各种矛盾，但最终还是意识到自己的错误，也很后悔没有积极主动地倾听女儿的心声，让母女关系走了太多的弯路。

亲子沟通原本就是一个双向的行为，家长如果一味地站在自己的角度来阐述自己的观点，而没有以一个倾听者的姿态来关心孩子的想法，尊重他们的选择，那这样的沟通注定会失败。

不管在哪里，对孩子，还是对朋友亲人，认真倾听的能力本就可贵。听孩子讲述他的见闻，听他倾诉心中的烦恼，这对孩子而言，是比什么都珍贵的陪伴。

第二，不吝惜你的语言，学会赞美孩子。

　　麦麦是个一年级的小学生，周末往往比平时上学起得更早，因为他喜欢去父母的床上跟妈妈腻歪一会儿，但这就使得父母不得不在周末还得起早陪孩子。

　　有一个周六，麦麦起床后没有像往常一样去吵醒爸爸妈妈，而是安静地自己地看书、写作业。麦麦的妈妈很高兴，起床后对他说："宝贝，妈妈觉得你今天早上做了一件非常了不起的事情，起床后没有打扰爸爸妈妈。这一定挺难的吧，需要很强的控制力，是吗？"麦麦说："当然，我知道什么是控制力，就是我知道爸爸妈妈很辛苦，需要周末时多睡一会儿，所以我悄悄地起床，不发出声音。"那以后，麦麦也一直坚持起床后自己做自己的事，不去打扰父母。

我们给孩子的赞美和表扬不应该只有"你好棒"或"真厉害"，对孩子的赞美可以发生在生活各处，只要你及时观察和发现孩子的优点和长处，哪怕是一丁点儿的改变，都要给予肯定和表扬。这样就能以此为突破口，为有效的亲子沟通交流创造一个良好的条件，也能让孩子在肯定与自信中逐渐改变以往不良行为，越来越好。

5. 有效陪伴，时间长短不重要

美国教育学家莎莉·路易斯在《唤醒孩子的才华》中指出："有人研究哪些因素促使孩子在学习能力倾向测试上得高分：智商、社会条件、经济地位这些因素，都不及一个更微妙的因素重要，那就是，得高分的所有孩子都有父母高质量的陪伴。"

与其通过各种思维训练、早教等提高孩子的智力，还不如亲力亲为，给孩子一个有效陪伴的童年。

当然，有效陪伴并不意味着时时刻刻陪在孩子身边，时间长短并不重要，重要的是在有限的时间内，和孩子进行有效的沟通和交流，带着孩子做一些有意义的事情。

第一，心无杂念，全身心地投入才是高质量的陪伴。

九九已经 3 岁了，却还不会说话，这急坏了她的妈妈。每个周末，九九妈妈都会带她去上早教班，但经过几个月的学习，效果并不理想，早教班的老师特别诚恳地对九九妈妈说："希望您课下多跟孩子说话，把每次在学校学习的东西反复练习。"于是，九九妈妈就辞职在家带孩子，每天陪着孩子练习几遍早教班教的语句。可过了很久，孩子说话的问题仍然没有得到改善。根据妈妈的描述：原来情况是这样的，每天陪孩子做完固定练习后，九九便捧着平板看动画片，妈妈自己则坐在沙发上刷着短视频。

相比较很多家长早上上班的时候孩子还在睡觉，晚上回来的时候孩子已经睡着了，九九妈妈的陪伴确实时间很长，可以说一天 24 小时都在陪着自己的孩子。然而，这种互不打扰的陪伴意义何在？真正有效的陪伴往往就是每天能有一个完整的时间段，陪着孩子完成一项亲子互动，可以是阅读，可以是游戏，还可以是运动，前提是全心全意、心无杂念。只有这样，才能让孩子感受到父母的温暖、人间的趣味以及生活的精彩。

第二，在孩子有需要时，第一时间回应。

乐天的爸爸妈妈都在大城市上班，自小他就跟着爷爷奶奶在小城市生活，而父母每周末回去看他一次，有特殊情况也会请假回去。但有一次因为工作太忙了，足足间隔一个月妈妈才回去看乐天，还给乐天买了最喜欢的变形金刚，本以为孩子会满心欢喜，不料孩子看都没有看玩具一眼就将其放在一旁。转头眼泪汪汪地对妈妈说："妈妈，你错过了我幼儿园上周的小达人颁奖！"

原来，上周末幼儿园举办了优秀小朋友的表彰会，还设立了很多"小达人"奖项，乐天因为从未缺勤，而且从未迟到早退，所以被授予"全勤小达人"的奖章。他以为妈妈可以回来跟他一起分享荣誉，结果妈妈却因为工作太忙，没能赶回来，这让乐天特别沮丧。

工作确实是父母求生的手段，但挣多少钱能够弥补孩子成长中的缺憾呢？美国前总统奥巴马说："我不会做一辈子的总统，但我一辈子都要做好一位父亲。"就连总统都可以做到不缺席一次儿女的家长会，在重要时刻陪伴、见证孩子的成长。身为普通人的我们，难道就真的那么忙吗？家长们，请放下你们"忙"的借口，在孩子有需要的时候，第一时间回应，让孩子感受到你们的支持与爱，这才是真正意义上称职的父母。

6. 行万里路，感受大自然的美好

随着社会竞争越来越激烈，拼爹、拼妈、拼娃的时代让很多家长越来越焦虑，恨不得从孩子刚刚说话就教他们学英语、认字。但过早地让孩子学习知识，不仅不利于孩子将来的学习，反而会揠苗助长，影响孩子的智力发育。

与其让他们埋头于各种课后辅导中，还不如抽时间带孩子去感受下大自然的鬼斧神工，开阔孩子的视野，提升孩子的格局，让孩子养成独立自主的良好品格。

第一，走进大自然，远离"大自然缺失症"。

孩子的天性都是向往自由、喜欢玩耍和亲近大自然的，但过重的学习压力让孩子们失去了很多到户外亲近大自然的机会。

除去盯着书本、写作业的时间，很多孩子的娱乐往往是看电视、玩游戏，不仅影响视力，还会因为缺乏运动、光照导致身体免疫力下降。更为严重的是：当孩子整天在教室学习，长时间不运动，就很容易造成晚上要睡觉时，大脑疲惫而小脑兴奋，很长时间睡不着，久而久之，就会对孩子的大脑和神经系统产生影响。一个长久不跟大自然亲密接触的孩子，往往对大自然的风景和变化无动于衷，甚至会觉得无聊、没意思，这其实就代表了孩子的内心已经充满了压抑。

某位名人曾说过："大自然的每一个领域都堪称精美绝伦。大自然不仅有无限的美丽，还能够平复我们焦躁的内心，更有益于孩子们健康成长。"如果你希望自己的孩子有一个强壮的体魄、健康的心灵，那就陪他走入大自然训练场吧。

　　第二，在大自然中培养孩子善于发现美的眼睛。

　　一个春季的早晨，阳光明媚，欢欢的爸爸妈妈决定带孩子去植物园看看花草树木，感受下春天的气息，这让欢欢非常兴奋。来到植物园后，欢欢对所有的花花草草都很感兴趣，不停地问爸爸妈妈各种问题，后来在一片小草丛中，欢欢停下脚步，仔细观察，过了半天，他对妈妈说："妈妈，我看到了四叶草，这是幸福的四叶草，不是三叶草哦。"妈妈顺着问道："那你可以给妈妈讲解一下，它们两个有什么区别吗？"欢欢点点头，像个小老师一样，开始给妈妈普及四叶草和三叶草的区别。

大自然中处处都有惊喜，处处都有发现，不同的地方有不同的风景，一花一木皆有着它们各自的特点，而每个孩子天生就有一双能够发现美的眼睛，很多时候却被父母忽视了，没有给他们创造更多观察大自然的机会。

所以，作为家长，一定要陪着孩子多去接触山川河流、苍松翠柏、飞禽走兽、五谷六畜，让孩子返回自然，接受自然，在实际的审美感受中，得到美的熏陶和教育。

7. 一起读书，低成本高回报的陪伴方法

陪伴孩子的方式有很多种，陪孩子一起玩游戏，带孩子做运动，带孩子远足旅行，陪孩子一起亲子阅读等。其中，亲子阅读是成本最低、回报最高的教育投资。

通过亲子阅读，父母不仅可以和孩子共同学习无穷无尽的知识，还能在阅读的过程中发现孩子存在的一些认知上的不足，及时修补，更能促进双方的心灵沟通。除此之外，亲子阅读还能培养孩子养成良好的且终身受益的阅读习惯，一举多得。

但是在陪孩子一起阅读的时候，也有一些需要注意的事项：
第一，讲解绘声绘色，加深孩子对书本的理解。

鹏鹏妈妈很注重培养孩子的阅读习惯，每天都坚持给孩子

讲绘本，并一周参加一次由绘本馆举办的"故事秀"。有一次，鹏鹏听绘本老师讲的《一棵青菜成了精》，他听得津津有味，完全沉浸在其中，与平时妈妈给他讲绘本时三心二意的状态特别不一样。

"故事秀"后，老师向家长们介绍讲故事的经验时说："您在给孩子讲绘本的时候，可以将人物角色加进去，变换声音，在里面提到唱歌的时候，您也可以根据绘本内容编一首歌曲，这样会让绘本故事更加精彩，孩子的兴趣也更高。"鹏鹏妈妈听了老师的话，觉得受益颇多。

对于孩子来说，他们专注于一件事情的时间是非常有限的，如果想让孩子全神贯注地将一本故事听完，并理解故事情节，这就非常考验父母的本领。一字一句照本宣科肯定是没有太大作用的，生动的语言、逼真的表情，声情并茂并富有趣味性的表演才能增强绘本故事对孩子的感染力，激发他们的感知、联想和记忆，才是更有效的亲子阅读。

第二，增进理解，和孩子一起交流绘本内容。

糯米上幼儿园中班，平时很喜欢看书，但每次拿到一本书就是从头翻到尾，草草看完后立马换另外一本。这让糯米妈妈很困惑，孩子明明爱看书，却只是囫囵吞枣。让她把故事的内容说出来，她完全不行。后来，糯米妈妈换了一种方式，和女儿一起看，看完后和女儿一起复述故事情节，并通过提问的方式让孩子加深对重要事件记忆。时间久了，糯米的语言表达能力取得了飞跃式的进步。

阅读时使用复述法是最能训练孩子语言表达能力的一种方法，不仅如此，还能锻炼他们思维的完整性和严密性。除此之外，还有一些其他的方法，如巧设疑问法、鼓励提问法等，利用故事情节巧妙设置问题，引导孩子思考，鼓励孩子从故事中寻找问题，让他们展开想象的翅膀，追问故事后续发展等。总之，阅读的方法千千万万，只要是陪在孩子身边，跟孩子一起翻开书，津津有味地读下去，便是最有收获的陪伴。

8. 向孩子承认错误，你能做到吗

在孩子的成长过程中，可不只有母慈子孝，更多可能是鸡飞狗跳的误解与矛盾。生活中，如果孩子犯了错，家长往往会第一时间站出来让孩子主动承认错误，并道歉。但假如家长犯错了，却少有跟孩子道歉的。为什么？多数家长会说，家里都是我说了算，我如果向孩子道歉了，那我的权威就没有了，孩子就可以随时挑战我，更加不好管理。真的是这样吗？

"人非圣贤，孰能无过。"所有人都会犯错，老师不例外，家长也不例外。主动承认错误，才能让孩子知道犯错并不是罪大恶极，只是人生中的一种经历。

事实上，在一段亲子关系中，比起家长给孩子的承诺，孩子更在意家长的态度。只有主动承认错误，才能让双方的关系得到明显的改善，也能让孩子更勇敢、自信的面对自己，及时纠正自我行为。当然，在家长主动承认错误的时候，也需要一些技巧。

第一，还原事实真相，诚恳表达自己的态度。

心心很喜欢画画。一天，他在书桌上画画，画得很投入，妈妈过来看到书桌上脏了一大片，便不高兴地对心心说："你画画就画画，怎么能在书桌上瞎搞呢？"心心委屈地哭了，说道："妈妈，我不是故意的，这是我画的时候不小心洒在上面的。"妈妈知道自己错怪了孩子，却并没有道歉，只是说了一句："那好吧，下次注意啊！"这种轻慢的态度彻底伤了心心，他越哭声音越大，对妈妈大喊道："你不信任我，总是冤枉我。"心心妈妈这时才意识到事情的严重性，赶紧弯下腰，搂住心心安慰他，并跟孩子诚恳地道了歉。

　　孩子的认知并非家长想象的那么简单，他们能够分辨是非对错，尤其是在对待自己的事情时，他们更加较真儿。此时心心妈妈应该第一时间还原事实真相，诚恳地对孩子承认自己的错误，先说一句："对不起，是妈妈错怪你了，妈妈跟你道歉。"只有站在一个平等、公正的立场上对待孩子，孩子才能获得更强的安全感，以后也会照着家长的样子为人处世。

　　第二，巧妙解决，用行动来向孩子表达歉意。

　　如果家长实在觉得直接向孩子道歉拉不下面子，可以尝试一些其他的方法，用行动来向孩子表达歉意。

　　首先，可以将自己想说的话用文字写下来，或者画下来，放在孩子看得见的地方，这种方式也能让孩子感受到自己父母的态度，也能慢慢地理解并选择原谅。

　　其次，家长还可以在自己错怪孩子的时候，用身体语言表达出歉意，一个简单的拥抱，一个轻轻的抚摸，孩子都能感受到家长的内心想法，也能明白道歉还有另外的表达方式。暂时放下面子，打开心扉，向孩子坦陈自己的过失。对于孩子而言，这比一起读本书、看场电影更有意义。

最后，如果孩子选择暂时不原谅父母，也不要强行地要求孩子谅解，尊重他的决定是不再激化矛盾的最好方法。给孩子一个情绪缓冲的时间，在日常生活中改变自己的行为，给孩子更多关心和爱护，让他们修复好内心的创伤再选择谅解。

9. 及时补位，不做缺失的父亲

曾经有一篇很有意思的报道：某小学因每次开家长会都是妈妈参加，为了能够让父亲参与到孩子的教育中来，学校专门为爸爸举办了一次家长会，要求每位学生的爸爸一定出席。虽然学校在通知中反复强调一定要爸爸来参加，最后还是只有30%的爸爸到场了。

中国传统家庭模式往往男主外、女主内，因此，越来越多的家庭陷入了同样的困局：焦虑的母亲，失控的孩子，缺失的父亲。很多爸爸以工作为借口逃避家庭责任，从最原始的家庭重要角色转变为一个影子、一个称呼，无论是情感还是陪伴，都不到位。这让更多的妈妈越来越焦虑，脾气越来越大，孩子自然也好不到哪里去，问题更是层出不穷。如何逃出这种怪圈呢？

第一，爸爸归位，家庭中找寻存在感。

某电视剧还原了一个全职妈妈独自带娃的日常，一边是连上厕所的时间都没有的崩溃妈妈，一边是总在外应酬的忙碌爸爸。40 岁濒临离婚的边缘，但一觉醒来后，却发现重回 20 岁，重走人生路，寻找自己忽略的、失去的和遗忘的事物，最终重拾幸福。

现实生活不是电视剧，没有倒退键，也没有时光穿梭机，一旦错过便会造成无法弥补的伤害。对于爸爸们而言，工作不是一切，在家庭中一定要有存在感，不要一味地将所有的精力都放在工作上，更不要用工作来麻痹自己，逃避生活中的一地鸡毛；应该每天回家陪孩子吃饭，玩会儿互动游戏，这样才能让孩子在一个温暖而健康的环境中成长。

第二，父母相互尊重，相互喜爱。

托尔斯泰在《安娜·卡列尼娜》的开篇中写道：幸福的家庭都是相似的，不幸的家庭各有各的不幸。一句话便囊括了家庭中的千姿百态。著名的婚姻问题专家艾默生·艾格里奇在三十多年的婚姻咨询工作中，发现了检验家庭与婚姻的真谛，就是爱与尊重。

一个家庭最好的状态就是：爸爸妈妈相爱，也都爱孩子，孩子在爱与被爱中成长。虽然孩子是一个独立的个体，但是父母的爱，尤其是爸爸的爱，可以让孩子更积极、阳光，也能让孩子在消极、低落的时候，更勇敢地走出负面情绪。

除此之外，爸爸给予妈妈的爱和尊重也是孩子健康成长的关键，只有妈妈感觉到幸福，整个家庭才能更加欢乐，孩子心理才更健康。父亲的爱像阳光和大树，是生命成长不可缺少的养分。父亲的陪伴是肆意的奔跑和爽朗的交谈，能让孩子更加自信和独立，更具责任感和上进心。

10. 二胎家庭的"喜乐哀愁"

伴随着二胎政策的开放，更多的家庭选择了再生一个，让本来独生子的老大不再孤单，也希望两个孩子成人后，能多一个人帮分担生活的烦恼。然而，生完之后呢？矛盾冲突却一天都没有停止过。

老大、老二会因为父母回家先叫谁而争风吃醋，会因为给谁买了东西而没给另外一个买而闹脾气。每天面对手足冲突，精力再好的父母都会难免情绪失控，也不禁会发出这样的感叹：也只有两个孩子在一起友好相处的那么一瞬间，觉得画面真和谐，生两个是一个正确的抉择；其他时候，尽是鸡飞狗跳，恨不得将其中一个"退货"。

家有俩宝的父母确实会面对正常人无法想象的问题和压力，但在教育子女方面，夫妻双方需要有一个正确的认知和共识。

第一，平等才是和谐相处的关键。

柯柯和圆圆是一对相差 4 岁的亲兄弟，老大柯柯 6 岁了，在老二没有出生之前是全家人的掌中宝。老二出生后，柯柯感觉自己的地位有所撼动，也变得有点乖戾。有一天，柯柯穿着他的新裤子趴在地上玩，奶奶就对他说："柯柯，你爱惜点哦，不要把裤子搞坏了，以后还可以留给弟弟穿。"当时的柯柯没有吱声，却自己躲进屋子里待了半天，不多久出来后，裤子上竟然破了两个洞，奶奶问他怎么回事，柯柯理直气壮的说："是我剪的，我不想给弟弟穿。"奶奶一边唠叨说柯柯不懂事，一边寻找针线，准备帮他缝裤子。

奥地利心理学家阿德勒曾提出：出生次序会影响个体的生活风格。长子和长女在头几年中会享受到家中独生子女的优越身份，等到弟妹出生后，力图保持自己先前的权威和特权。也正是这样，老大往往会做出一些异常行为，尤其当家长对他提出了类似于"要分享""谦让""留给弟弟妹妹"的要求后，老大更会觉得心里委屈和不安。所以，家长应该给予孩子更平等的爱和尊重，不要因为老二年龄小就去维护，也不要因为老大年龄大就要求他理所当然地谦让，只有站在公正、公平的立场，才能促进孩子之间的和睦相处。

第二，正面教育，拒绝比较。

悠悠和乐乐是两姐妹，性格完全不同，悠悠是姐姐，文静内向，乐乐是妹妹，活泼开朗，这也注定乐乐在家里讨喜很多。有一次爷爷来看姐妹俩，乐乐看到爷爷进来，赶紧跟爷爷打招呼，亲昵地说"爷爷好"。悠悠则远远站着，爸爸看到后对悠悠说："悠悠，叫爷爷啊，你看妹妹都叫了。"本来站在门口

的悠悠听到爸爸的话后，立马头一扭，跑回自己房间把门关上了。这使爸爸极为恼火，进屋去打算教训悠悠一顿，但被妈妈拦住了。"你直接告诉悠悠跟爷爷打招呼就好了，不要拿妹妹跟她做比较嘛！"妈妈的一句话让爸爸醍醐灌顶。

有两个孩子的家庭，大宝和二宝的性格有所不同很正常，并且多数情况下，老二情商会高一些，他们更乐于与人交往，这是他们出生的环境决定的，他们要在原本的三口之家中寻得自己的地位，也注定会更懂得人情世故。

作为父母，千万不能将这种性格上的优缺点当着孩子的面进行比较。孩子是非常敏感的，一旦出现了比较的词语，他们容易产生失衡感，觉得父母偏爱另一方，无形中就增加了两个孩子之间的矛盾。正确的做法是：就事论事，不比较，不偏袒，同时，为孩子们提供更多锻炼和协作的机会，让他们在一起做事的过程中，体会手足间的温情，感受到兄弟姐妹在一起才能拥有的喜悦感与幸福感。

11. 如果条件允许，给孩子养个宠物吧

很多孩子内心都有养宠物的需求，或多或少也给自己的父母提过，但往往被家长拒绝了。家长们的担心其实也可以理解：一

是出于卫生和安全考虑，怕宠物携带病菌，怕它会把孩子抓伤咬伤；二是觉得养宠物是个费时费力的事情，搞不好还会影响孩子学习。

其实，做家长的大可不必有这样的顾虑，只要处理得当，养宠物给孩子带来的益处远远大于弊端。

第一，养宠物可以培养他们的责任心。

对于孩子而言，宠物是一个比自己还弱小的生命，需要他们的保护。在孩子提出养宠物需求的时候，家长要明确告诉孩子，养宠物需要注意的各项事宜。这样孩子就会挺身而出，在爱心和同情心的作用下，责任感就会被激发出来，这对孩子的成长无疑有很大的帮助。

第二，养宠物可以锻炼他们的动脑动手能力。

　　养宠物不是一朝一夕的事情，需要投入时间和精力。通过照顾宠物，孩子的大脑和手脚就会不停地运转，主动去思考如何照顾宠物的日常，自己动手去给宠物喂食、打扫，甚至有一些宠物是需要出门遛的，无形中让孩子多了锻炼的时间，也是一"宠"多"益"。

　　第三，养宠物可以帮助他们释放压力。

　　随着孩子年龄的增长，他们往往会有一些事情不愿意同自己的父母分享，但如果家里有宠物，情况就会完全不一样。他们会将自己不开心的事情跟宠物诉说，甚至也会把生活和学习上的压力转移到照顾宠物上，这种作用往往是作为家长无法代替的。

　　第四，养宠物可以让他们学会了解和尊重生命。

　　孩子通过养宠物可以了解宠物的习性、繁衍过程，相当于直接上了一堂活生生的生命教育课，不仅能够培养孩子的耐心，还能让孩子面对面地体会到生命的美好和可贵，从而学会尊重生命，这也是课堂教育无法比拟的。

　　总而言之，如果条件允许，让孩子养个宠物吧，温暖的陪伴不仅家人能给，朋友能给，萌萌的小动物也能给孩子更好的陪伴。

第六章

给孩子自由，让他享受放养的快乐

每一个孩子都是一朵含苞待放的花朵，盲目的管制只会让孩子这朵花儿的天性凋零，将孩子独特的禀赋扼杀在摇篮中。最好的教育方式就是腾出空间、留出时间，让孩子不紧不慢、自由自在地快乐成长，这就是放养的真谛。

1. 支持与鼓励，成长路上的必胜法宝

美国华盛顿大学的教授琼·卢比曾做了一项实验，邀请90多名4岁至7岁的孩子参加。实验过程中，工作人员在房间摆放一个精美的盒子，并告诉孩子，只要他们静坐8分钟，就可以得到礼物。妈妈们应邀与孩子一同参与，事先她们填写了一份相当复杂的表格。工作人员就妈妈对孩子的态度进行了观察，结果发现，被妈妈安抚、鼓励的孩子更为安静，压力也更小，相反，被妈妈打骂、轻视的孩子则更加焦躁不安。

在支持和鼓励中长大的孩子，往往更加自信，愿意花更多的时间和精力去完成更为艰巨的任务，也更容易在今后的学习、生活，以及工作中做出成绩。

作为家长，积极摸索孩子的性格特征、喜好，采取正确、温和的方式去支持和鼓励孩子，往往能改变孩子的命运。

第一，即使他人不认可，也要相信孩子。

曾被《时代周刊》评选为20世纪"世纪伟人"的爱因斯坦，5岁的时候还不太会说话，在旁人的眼里，他并不是一个聪明的孩子，还因为经常提出一些稀奇古怪的问题，让人觉得他是低能儿。求学期间，也曾被学校的教导主任勒令退学。然而，

父母在他的成长道路上一直相信他，给予他支持和鼓励，循循善诱地帮助他成长，保护他的气质和天赋在没有发挥出来之前不受外界各种因素的影响。

童话大王郑渊洁曾说："人性的本质是渴望欣赏，孩子尤其渴望欣赏，欣赏能让孩子长成参天大树，贬低则让孩子枯萎畸形。"每个孩子都有自己的个性，有时候这些个性可能会显得与周围的环境格格不入，这个时候孩子们很容易怀疑自我。此时家长一定要认可孩子，给予他支持和鼓励，这样才能消除他的困惑和自卑，才能在孩子的成长道路上另辟蹊径，开启孩子非凡的人生。

第二，掌握技巧，成为"支持型"父母。

在一次考试中，小营得了 60 分，心里特别难受，想着回家以后肯定会挨骂，无奈还是硬着头皮回家了。但结果与小营

想象的完全不一样，爸爸并没有骂他，而是带他去自己工作的地方转了一圈，站在工地上，看工人顶着炎炎烈日汗流浃背地在搬运。爸爸跟小营一边走一边谈心，最后告诉他："分数不代表什么，但是分数越高，你以后的选择权就会多一些，反之，你仅能得到可以糊口的工作，就会很累。至于你要怎么选择，自己做决定，爸爸都支持你。"这番话让小营感受深刻，每当他又对学习产生倦怠感时，便会回味一下爸爸的教诲。

自始至终，小营爸爸的话语里面没有任何一句责备和说教，但起到的作用却比千言万语更有效。当孩子在某些方面遇到麻烦或感觉困惑时，父母们千万不要长篇大论发表自己的亲身见解，只需适当地给予孩子一些有技巧的建议，其余就是无条件的支持与发自真心的鼓励。至于孩子要多久会醒悟，或通过哪些事情醒悟，这要由他自己在成长中慢慢完成。

2. 在安全的前提下，自己去试试

美国心理学家桑代克，曾经进行过一项研究，他将一只猫咪关进笼子里，通过一系列的实验让猫咪知道如何开门。经过多次实验后，猫咪不断地尝试，慢慢就清楚了如何快速地给自己开门。在此基础上，他提出了"试误说"理论，即：动物的学习方式就是通过反复尝试错误，从而获得经验，然后成功。

当然，这种方式对于孩子来说也一样。在保证安全的前提下，让孩子不停地尝试。在反复的错误中获得成功，远远要比在父母寸步不离的保护中，在父母全权代劳下，拥有更多喜悦。

第一，确保安全无误，让孩子尝试失败。

曾经有一个很火的视频得到了许多家长的点赞：一个1岁左右的小孩，还不太会走路，妈妈把他放在床上睡觉，等孩子睡着后便去忙自己的事情。不过，孩子的妈妈在房间地板上都铺设了地垫，以防孩子摔下受伤。

小孩睡醒后想去地上拿玩具。他先是爬到床边，尝试性地慢慢往下滑，但发现自己的脚离地面有一点儿距离，试了很多次以后还是没成功着陆，他便爬到床头，拿起一个枕头扔到地上，借助枕头的高度，顺势着陆。全程没有家长的任何帮助。

也许很多家长会大吃一惊：孩子这么小，如果摔下来怎么办？但事实上，小宝宝成功了！试想，如果家长一旦参与这个过程，小孩便失去了一次自己探索安全下床方式的机会。如果我们在确保安全的前提下，能够大胆放手，让孩子自己去探索，去找到顺利着陆的窍门，他所获得的可不只是一次成功，而是勇敢且谨慎的作风，和自己实践的本领。

第二，给孩子提供机会，做不会做的事。

2岁的小宝跟着妈妈在公园玩，看到哥哥姐姐们都在玩滑板车，就想去玩。妈妈开始不同意，但抵不过孩子的闹腾，最终跟另外一个小朋友借了一个滑板车让他去滑。妈妈担心危险，就想去扶着他滑，但被小宝拒绝了，无奈之下，妈妈只能紧紧地跟着，结果没滑几米，小宝就摔了个大马趴，平时特别爱哭鼻子的他竟然揉揉眼睛，笑嘻嘻地站起来了。又滑了几圈后，小宝竟神奇地学会了玩滑板车，这让妈妈几乎惊掉了下巴。

　　作为母亲，都希望自己的孩子少些磕碰，少些受伤。所以会第一时间出来限制他们去做危险性高、没有做过的事情，但这往往会抹杀了孩子"雄心勃勃"的天性，从某种程度上也会导致孩子以后做事畏首畏尾。

　　我们所处的时代，更需要那些"不安于现状""充满自我怀疑"的人。培养了大量优秀人才的芝加哥大学对学生的基本要求就是：做你不会做的事。家长们，请放心大胆地给孩子多提供机会，让他们自由自在去尝试，自由自在地去犯错。孩子们本心并不想成为温室中的花朵，他们需要经历风吹雨打和烈日曝晒，才能成长为粗壮又坚韧的小树苗。

3. 不做强势的父母，给孩子充分自由

有调查显示，在孩子一生中起到主导作用的往往不是他们的智力，更多的是他们的创造力、想象力、适应能力等，而这就是大家口中常说的"个性"。

然而，现实生活中，我们看到的更多例子是：父母在和孩子交流的过程中，常以一种不容置疑的态度和语气去要求孩子，让孩子没有一点儿反驳的机会，而孩子则像一个任人宰割的"羔羊"，屈服于父母的威严之下，没有任何话语权。当孩子变得听话，也在一定程度上意味着，他的个性消失了。

第一，尊重孩子的个性，陪着他"天马行空"。

作为"登月第一人"的阿姆斯特朗在6岁的时候，妈妈给他做了一件新衣服，他穿上以后就冲到院子里蹦跳，还一身泥水地跑回家，大声地跟正在做饭的妈妈说："我要跳到月球上去。"妈妈并没有责备他把新衣服弄脏，而温柔地说："可以，但你别忘了从月球上回来后，要回家吃饭！"时隔33年，阿姆斯特朗真的实现了儿时的愿望，当他从月球上返回来的时候，记者们问他当时最想说的话是什么，他回答说："我想对我妈妈说，我从月球上回来了，我会准时回家吃饭的！"

父母的爱是伟大的，但错误的、有强制力的爱却有着致命的杀伤力。更多的时候，我们要懂得精心呵护孩子与生俱来的好奇心、与众不同的个性、天马行空的梦想。不做强势的父母，不提强制的要求，这样才能不磨灭孩子的天性，让他们成为更优秀的自己。

　　第二，不把自己的喜好转嫁到孩子身上，让他自己选。

　　一位女演员曾在一档节目中分享她的育儿经历：一次，她带着孩子去逛街。在一家商场里看到一双很花哨的鞋子，自己觉得特别好看，于是重金买下。回家后，她想让孩子穿上，但孩子表现得特别不情愿，折腾好久都不穿。最后，甚至哭着对她说："妈妈，为什么你可以选择你想要穿的鞋子，而我不可以？"孩子的话让这位女演员特别震惊。她心想，是啊，为什

么孩子不能选择他自己喜欢的鞋子呢，难道就因为这双鞋子很贵，所以必须要穿？经过反思，她放弃了让孩子穿这双鞋的执念，而且在之后的生活中，凡事都让孩子自己来决定。

在提到"强势"的时候，很多家长觉得跟自己不沾边——我很温和，可以跟孩子好好沟通的。但在遇到给孩子买衣物、选择兴趣班，甚至是给孩子准备食物的时候，却往往不考虑孩子的喜好，将自己的意愿强加到孩子身上，觉得有益身心健康，为孩子好即可。甚至当孩子大声说出内心的想法之后，家长仍不以为然。这其实就是强势，生活中比比皆是。

孩子不喜欢吃苹果，我们可以换成香梨或草莓，想让孩子增加阳刚之气也并非只能通过练跆拳道，还可以打篮球。同一个问题往往有多种答案，家长不可以强势地依照自己的想法和喜好去替孩子做主。

4. 自由与爱也是有规则的

很多家长在孩子小的时候盲目地给予孩子"自由与爱"，等到孩子成长到一定阶段后，突然发现，为什么自己家的小孩没有任何的自控能力。无论什么事情，只要是不能满足他，就会大哭大闹，甚至对人拳打脚踢。

其中最主要的原因是将"自由与爱"扩大了。世界上没有绝对的自由，"自由与爱"一定要建立在规则和秩序的基础之上，完全不考虑小孩要求是否合理就满足的自由，注定会让孩子变成一个是非不分、黑白不明的"捣蛋精"。

第一，设立规则，且大家共同遵守。

雯雯很喜欢看电视，但爸爸跟她说，看电视的时间不能超过半个小时。这个规则，雯雯平时都能遵守。但爷爷奶奶过来后，雯雯看了半个小时后，发现爷爷奶奶还在看，就要求再看一集，这样一集变两集，两集变多集，规则不再有效。

规矩能让孩子知道什么事情可以做，什么事情不能做，也能有效地对孩子的不良行为进行纠正，但前提是家里所有的人都要遵守，至少在孩子面前不能去破坏，严格意义上讲，就是家规。需要注意的是，在制定家规的时候，最好能将其写出来，挂在显眼的位置，让所有家人都能共同执行。

第二，抛弃盲目的自由与爱，制定适当的惩罚措施。

美国教育家希利尔曾说："纵容孩子不仅显得家长没有能力，更是一种不可饶恕的罪过。这些家长要么不知道管教的重要性，要么是懒于管教。"

在家庭教育中，无论是爸爸还是妈妈都希望充当好人的角色，不去惩罚孩子。但做好人的结果就是规矩一而再地被破坏，孩子娇纵成性，最终无法无天。

作为父母，我们一定要摒弃老好人的思想，不给孩子盲目的爱与自由。在孩子遵守规矩的时候予以鼓励和表扬，在孩子违反的时候适当惩罚，让他明白破坏规矩是要付出代价的，这种惩罚可以是缩短下次游戏的时间，或者是没收心爱玩具之类，一定要通过惩罚让孩子知道碰触底限的严重后果。

5. 让孩子坚持自己的想法

很多孩子在进入两三岁以后，性格会发生一些变化，由以前的任何事情都听家长的安排，变为说一不二、爱反抗的小魔王。此时，孩子已经进入了人生的"第一个叛逆期"，这让很多家长都觉得头疼。

事实上，当第一个叛逆期出现后，随之还会出现第二个、第三个叛逆期，在对自我的认知和自我权利的探索中，孩子慢慢成长为一个自立的人。所以说，孩子有自己的主张和想法并非坏事。有研究表明，自我意识越强的孩子，成为有主见、独立有思想的人的几率更高。

很多父母都一边希望自己的孩子不要人云亦云，一边阻碍着孩子成长为具有独特性格的人。孩子吃饭的时候非要用绿色的勺子，穿衣服非要穿绿色的衣服，上桌非要吃面条等等，这都是孩子宣示主权的信号，家长们应及时接收，尊重他们的想法。

第一，允许孩子做自己，引导他们表达想法。

小可是一个 3 岁的小男孩，特别喜欢玩具刀。有一次，哥哥给他用小颗粒积木拼了一个玩具刀，可把小可乐坏了。从那以后，小可一天 24 小时抱着哥哥给他的玩具刀，睡觉也要拿着睡。但是这让妈妈很头疼，小颗粒拼的玩具刀，放在床上时会散掉，早上起来后小可闹情绪，非要还原那把刀。妈妈没有办法，摸了一下小可的头说："小可乖，你告诉妈妈，为什么要拿着这把刀睡觉啊？"小可哭着说："因为这是哥哥给我拼的，我怕被别人拿走！"妈妈灵机一动，顺着小可的话说："既然你很珍惜这把刀，不如我们把它藏在你的宝物箱里吧！"原来，小可有个宝物箱，里面装着他最喜欢的东西。小可一听急忙点头，并把玩具刀藏进了宝物箱。

小可对哥哥给他拼的玩具刀十分珍惜，这是非常难能可贵的。作为家长，不要一味地让孩子按照自己的意愿行事，一定要站在孩子的角度去理解他们的真实想法，并引导他们表达出来，只要不是有悖原则的问题，就让孩子按照自己想做的去做吧。当然，除了引导小可把刀藏进宝物箱，妈妈还可以采取另外一个方式，如：等孩子睡着以后，将其放在床头安全的位置，就能有效避免孩子早上起来因为找不到心爱的刀而闹脾气。

第二，抛出问题，让孩子自己选择。

费小尾是一个备受小区大人称赞的孩子，3岁不到的她活脱脱一个小大人，经常有人跟小尾妈妈取经。她妈妈分享的经验就是：在家里，我们充分尊重小尾的意见，周末出游的时候，问她是想去动物园还是植物园，而不是我们直接做决定；买衣服也问她是喜欢黄色还是红色；外出就餐时，也会询问她想要

吃些什么，每次都会允许她来点一个菜。总之，只要是有小尾参加的事情，我们都让她参与决策。久而久之，孩子不仅能很好地处理自己的事情，有时还能给我们提供帮助。

很多父母在生活中经常有意无意地用自己的决定代替孩子的想法。殊不知，这样一次又一次剥夺了孩子自主决定的权利，还会影响孩子的判断力。在他们幼小的心中，可能会觉得，之所以父母不愿意听从自己的意见，可能是自己的想法是错误的。这种自我否定导致的最直接后果，就是孩子缺乏自信，越来越没主见。

所以，让孩子坚持自己的想法不是随意说说，而是要有意识地培养他们自己做决定的能力。抛出问题，问孩子怎么做，只要不犯原则性错误，不对自己或他人造成威胁，就允许孩子自己决定。这样，孩子的决策能力才能得到极大的提高，也为以后自主解决问题奠定坚实的基础。

6. 学着整理物品，管理自己的生活

很多家长都会抱怨：为什么孩子总是丢三落四、毛毛躁躁，做事毫无条理、缺乏秩序感，为什么养成干净整洁的生活习惯就那么难呢？

背后的根本原因是孩子没有形成收纳整理的习惯。著名的教育家蒙台梭利曾说过："区辨能力是智力最典型的特征，而'区辨'就是'去分类与整理'。"可见，学会整理不仅便于自己生活，更是智力发育的基本要素。

　　有研究表明，孩子学会整理物品能够有效地促进孩子的粗细动作技能的相互发展，不仅能让孩子变得更聪明，还能促进孩子抽象思维的发展，更能让孩子感受到发自内心的成就感。

　　第一，每天整理好自己的日常物品和玩具。

　　郝梓名是一年级的学生，在学校的时候秩序感特别差，书本、文具总是摆放得乱七八糟，老师很是不解，于是找到家长了解情况。梓名妈妈对老师说："我们家孩子在家书桌都是奶奶帮着收拾，包括平时玩的玩具也是，我也不好说什么。没有想到他在学校也这样，我回去以后一定好好教育。"通过老师

的教育和妈妈的收纳训练，现在的梓名虽然还是会放错东西，但进步已经很大，书包和书桌都是自己在整理了。

如果孩子的物品总是乱扔，不物归原位，孩子就永远学不会分类。作为家长，应该尽早让孩子学会整理自己的物品，如果刚刚开始的时候孩子不会，可以教他们方法，给孩子做示范，一遍不行就尝试多遍，直到孩子学会为止。

针对已经上学的孩子，可以和他一起梳理流程，列一个清单，如写完作业立即收拾书包，使用完工具书放回原位，起床后随手叠被子等琐碎事项，并将清单粘贴在显眼的位置，以起到随时督促的作用。

第二，设立家庭日，和孩子共同整理、收拾屋子。

在家庭日里，将家里的物品进行一次分类整理，包括孩子的玩具、家人的衣物、厨房用品等等。这个家庭日可以是每周一次，也可以是半个月或一个月一次，由全家人共同商讨制定出来。家庭日里要做的事情同样需要全家人一起完成，而平时这些工作，多半是妈妈独自完成，孩子根本没有参与其中。

我们可以利用家庭日，和孩子一起整理家中物品，将一些不需要的物品扔掉，需要的物品分类存放，还可以教孩子制作物品分类标签，同孩子一起玩送物品回家的游戏。通过这种方式，孩子既能了解到自己的事情需要自己做，也在家务劳动中建立起家庭的责任感与荣誉感。

7. 分房睡，给孩子独立的空间

宝宝出生后，多半是跟父母共处一室，这样既能保证孩子的安全，也方便大人对其进行照顾。当孩子慢慢长大，有了性别意识，并对自我空间有需求的时候，家长一定要及时给孩子支持，为他布置一个安全又温馨的小空间，跟孩子分房而居。

对于何时分房睡才最合适这个问题，其实是没有标准答案的。不要固化在三四岁或五六岁，也不要纠结为什么别人家孩子都能自己单独入睡，而自己的孩子还要妈妈哄睡。因为每个孩子的成长经历是不同的，这也会影响他们的心理成熟程度。当孩子提出想自己单独睡，或经过协商，孩子在不勉强的情况下同意分房睡，那不妨开始试试。但这个过程不可以简单粗暴，如果孩子以害怕为由拒绝分房睡，家长要找到孩子害怕的原因，具体问题具体分析，先帮孩子去除"心魔"。

第一，给孩子营造一个他喜欢的环境。

小白已经 5 岁了，每次爸爸妈妈提出让他去自己房间睡觉的要求，他都拒绝，爸爸妈妈也没有办法。后来一次偶然的机会，爸爸妈妈带着小白逛家具城，小白对里面的复式床很感兴趣。正巧，爸爸妈妈也想改造一下小白的房间。于是就同他商

量："如果爸爸妈妈给小白换一张这样的复式床，小白就自己睡，好不好？"小白二话没说，开心地答应了。复式床安装好后，小白经常去上面躺一躺，不久后，就正式搬去自己睡了。

孩子的世界是相对简单的，他们会有自己的审美和判断。这个时候，父母可以和孩子一起共同营造一个他喜欢的环境，尽可能地满足他们的需求，并告诉孩子，这个房间以后就是他自己的秘密基地，这样，孩子就会有归属感，也更愿意在自己的房间独立睡觉。

第二，睡前沟通，帮助孩子克服恐惧感。

等等是一个乖巧懂事的孩子，到了分床睡的年纪也听从父母的安排。但分床第一天，等等就从自己房间跑出来，钻到妈妈被子里了，妈妈很是奇怪。等等怯怯地说道："妈妈，我刚刚听到了一个很奇怪的声音，好害怕啊，我不敢自己睡了。"

妈妈摸了摸等等的头，对等等说："不要害怕，妈妈小时候也这样，但你要知道，妈妈就在你隔壁，可以听到你的声音，可以保护你，所以你完全可以安心入睡。"在接下来的几个夜晚，等等妈妈总是会在他睡觉之前跟他讲一讲自己小时候如何克服恐惧的事情。慢慢地，等等便不再害怕了。

对于孩子来说，独立睡觉的前期准备工作必不可少。刚刚开始的几天，家长不妨在孩子的房间多待一会儿，给孩子讲一些轻松愉悦的故事，或者让孩子听听舒缓的音乐，消除他的恐惧心理。等到孩子睡着后，再轻轻离开，这样能让孩子有一个适应过程，从而慢慢适应单独睡觉。

单独睡是走向独立的必经过程，对于孩子而言，利远远大于弊。他们不仅获得了更好的睡眠环境和睡眠质量，也能在相对独立的空间中，自由自在地发会呆，跟自己的小手玩一会儿游戏，而不必被大人的"赶紧睡觉"打扰。

8.未雨绸缪胜过事事紧盯

每一个孩子都是家庭的重点保护对象，尤其是四个老人一个孙子的家庭，孩子就是掌上明珠，含在嘴里怕化了，捧在手里怕摔了，时刻被保护着。但正是这种无时无刻的保护，让孩子丧失了和危机意识。

然而，在孩子的成长道路上，安全教育才是他们的"保护伞"，尤其是家人不在身边，孩子慢慢长大的时候，安全意识是他们健康成长的法宝。

作为家长，比起时时刻刻跟在孩子身后，事事紧盯，教育和引导孩子养成良好的安全习惯才是重中之重，才能让孩子有效避免安全隐患。

第一，让孩子懂得潜在危险。

烁烁3岁，非常活泼好动。一次出于好奇，他把一个小的橡皮擦塞进了自己的鼻孔，这可把妈妈吓坏了，赶紧去医院让医生想办法。好在处理及时，医生用手术夹把橡皮擦取了出来，但这导致烁烁鼻腔黏膜破损，流了好多血。医生叮嘱烁烁："幸好你妈妈及时带你过来，要不然就得动手术了。"从那以后，

烁烁再也不敢把异物放进鼻子了，而且还当起了"儿童安全讲解员"，逢小朋友便说："千万不要把橡皮擦放进鼻孔，那是很危险的。"

　　除去大自然潜在的天灾人祸，生活中的安全隐患与孩子才更息息相关。为了避免孩子受到不必要的伤害，家长一定要提前告诉孩子可能存在的安全隐患，如：不能将小东西放到自己的嘴巴、鼻孔等器官里面，不要将绳子绕在脖子上，远离易燃易爆及尖锐物品，尽量避免受伤。孩子的认知毕竟有限，家长一定要提前预警，让孩子远离伤害。即便家长时刻看着孩子，也有走神的时候，所以让孩子掌握安全常识才是避免伤害的最佳方法。

　　第二，教育孩子擦亮双眼，警惕网络诈骗。

　　曾经有这样一则新闻，讲述的是一个年仅 10 岁的少年在玩手机的时候，突然刷到了一条"免费领取游戏皮肤"的信息，于是按照对方的要求加了微信，结果在对方的诱导下，被骗走了三千多块钱。

　　网络信息时代潜在的危险往往防不胜防，孩子本身还处于一个不明是非的阶段，作为家长，一定要教孩子一些基础的防骗技能，如：不给陌生人开门，不吃陌生人的东西，不随便跟陌生人聊天，不跟陌生人回家，等等。教孩子学会明辨是非，才能让孩子有效避免上当受骗。当然，为了让孩子加深记忆，家长还可模拟真实场景进行演练，让孩子牢记于心。

　　在让孩子拥有电子科技带来的刺激和喜悦的同时，要提醒他们注意防骗，警惕危险。家长永远是孩子坚实的后盾，他们有疑问可以先问问爸爸妈妈。

9. 压岁钱自己管

　　每到过年，孩子都会从长辈那里得到很多压岁钱。"不当家不知柴米油盐贵"，孩子生活中没有任何与金钱相关的担心，自然也不会关心哪些地方是要用钱的，哪些地方是要节约用钱的。

　　作为家长，与其纠结"压岁钱归谁管"的问题，倒不如从压岁钱开始，教孩子对金钱的认识和把握，教育和引导他们合理消费、存储，让孩子有一个正确的"金钱观"，让压岁钱发挥积极作用。具体该如何做呢？

　　第一，上小学前，让孩子参与压岁钱的分配。

　　对于一些年龄太小的孩子，家长一定要告诉他们压岁钱的来历。因为，很多孩子只知道收到了压岁钱，并不知道原因，甚至会认为这是自己"挣来的"，是长辈们应该给的。

　　这个时候，家长应该告诉孩子，压岁钱是长辈们对孩子的爱和心意的表达，是对他们新一年的祝福。这样不仅能让孩子懂得压岁钱的文化内涵和社会性的交往礼仪，也让孩子明白，这不是长辈必须要给予的。

对于收到的压岁钱，可以跟孩子一起商量它的使用方法。如，告诉孩子未来几个月需要添置的新衣新鞋，或考虑购买孩子心仪的玩具，甚至交纳幼儿园的园费等，把凡是要花钱的项目告诉孩子，让他参与分配。这样一来，既让孩子有了消费的观念，也让他们了解到"原来自己需要花这么多钱呀"，从而逐渐养成节约的习惯。

第二，上学后，自己学会分配和管理压岁钱。

大年初一的晚上，8岁的紫萱跟妈妈一起清点自己的压岁钱，数了数，发现正好有八千块。妈妈琢磨着给孩子报一个英语培训班，紫萱听了以后大叫起来："这是我的压岁钱，你怎么能自作主张呢？"妈妈听了也有点恼火，大声说："你收到的不都是我付出的吗？"但是，小小的紫萱对妈妈所说的道理

并不是很懂，她还是单纯地认为，妈妈侵占了她的"个人资产"。为此，还和妈妈冷战了一个星期。

对于孩子收到的压岁钱，家长一定不要自作主张地进行安排。这个时候，你可以给孩子一些建议，比如把钱分为四份：一份存起来，一份用于日常的学习，一份用于旅游，一份用于日常的生活消费。通过提建议的方式，能让孩子感觉到被尊重，也能无形中帮孩子学会健康的消费观。

或者，家长可以和孩子讨论如何用这笔钱，你可以带着孩子去银行，以孩子的名字单独设立一个银行账户，帮助孩子树立理财意识，形成良好的财富积累习惯，这将对孩子以后的成长非常有益。

10. 放养不是放纵

放养本身是没有错的，有原则的放养能让孩子拥有自由的同时懂得尊重规则，有个性的同时不对他人造成困扰，而没有原则的放养则会让孩子越来越没有规矩，到处惹是生非。

如何把握好放养的"度"，则是家长们需要学习的重要课程。

第一，像"牧羊人"一样来放养孩子。

　　刚上一年级的程程被妈妈逼着去上各种各样的培训班，英语、思维、写字、画画、跆拳道等。从周一到周日，每一天都被安排得满满的。有一次程程妈妈在与好朋友聊天的时候说："我们家程程学的东西很多，但没有一样积极主动。"对方提醒程程妈妈说："你这种'圈养'的方式，让程程觉得学什么都很枯燥，应该学学牧羊人的方法，调动孩子的主动性。"朋友的提醒让程程妈妈醍醐灌顶，回去就跟程程商量，停掉了一些程程不喜欢的培训班，只留下了他感兴趣的。

　　长时间"圈养"会让孩子失去主动探索兴趣。而老一辈牧羊人的牧羊秘诀确实值得学习。他们将羊群带到肥美的草地，让羊自由自在地吃草，尽情地撒欢儿，此时的羊，一定又舒畅，又开心。

教育孩子也是一样，无论是希望他们有强壮的身体还是丰富的知识，都需要将他们带到更广阔的天地：大自然，可以锻炼体魄；博物馆，可以接受熏陶；公益活动，可以激发爱心等等，只有通过这种看似"放"却带一定目的的方式，才能让孩子更快乐、主动、积极地去学习、成长。

第二，尊重个性，但不能放任自流。

仔仔是一个很聪明的孩子，对计算机很在行，小学三年级就能自己编写简单的游戏程序，这也是仔仔家人引以为傲的事情。为了不磨灭孩子这一天赋，仔仔爸爸对于孩子网上学习游戏编程完全不限制，电脑可以随时用，其他一切都为编程让步。结果，孩子的游戏程序编写虽然取得了一点儿进步，但校内学习却糟糕得一塌糊涂，最重要的，仔仔还变成了高度近视。

每一个孩子都有自己的兴趣爱好，无论是家长还是老师，都应该予以保护，顺应他的天性发展，开发他的潜能。但是，顺应孩子的天性并不代表一味地放纵，也不意味着要挤压做其他事情的时间。毕竟孩子在幼年时，基础没打牢之前，有些所谓的兴趣爱好就像空中楼阁，并不扎实，也不一定会取得多么大的成绩。尤其是对于没有自我克制能力的孩子来说，家长在给予孩子足够自由的同时，一定要掌控底线。牧羊人的放养是在同一片山坡上，而我们对孩子的放养也要符合社会和家庭的情况，需要在规则之内。

第七章

宝贝别怕，闯祸也不要紧

　　很多孩子，尤其是上学以后，经常会被老师投诉爱闯祸，父母每天看着手机提心吊胆，就怕接到老师电话。其实，孩子成长就像学走路一样，难免跌撞，闯祸也是成长的一种方式，家长一定要放平心态，好好沟通，让孩子尽情感受成长路上的痛与快乐！

1.少教训，给孩子解释的机会

每当孩子闯祸后，家长的第一反应往往就是这个孩子太不让人省心，恨不得第一时间把孩子一顿暴打，让他长记性，不再惹是生非。

然而，每当您劈头盖脸地训斥孩子时，孩子是什么反应？不吱声还是大声哭闹？是不是问题不但没有解决，反而让孩子产生极端的负面情绪。多次以后，孩子变得更叛逆、更易怒。甚至当孩子目睹了自己父母处理问题的方式后，就去模仿，采取"打""骂"的方式来解决以后出现的各种问题。

可见，这种错上加错的模式并不能很好地解决孩子闯祸的问题，那么，怎样做才能跟孩子建立起正向沟通，积极有效地解决问题呢？

第一，让孩子讲述经过，及时补救。

一天中午，闹闹妈妈正在午休，突然班主任老师打来电话说："孩子今天在学校无缘无故对同学吐口水。"闹闹妈妈一听，气不打一处来。下午去接闹闹时，就问他为什么要向别人吐口水，闹闹说："妈妈，我吃了大葱叶子，另外一个同学让我吐到别人身上，我就吐了。"妈妈更加生气，对闹闹说："别

人叫你吐你就吐啊，你有没有自己的认识！"闹闹低下头说：
"对不起，妈妈，我知道我不对，我再也不这样了。"

　　孩子虽然慢慢长大了，内心也有了一定的分辨是非能力，
但并不代表他们能够事事拎得清。此外，孩子有时会控制不了
自己的行为，做出一些出格的事，但并不说明他们就是心存恶意。

　　这个时候，家长一定要冷静，要第一时间了解事情的经过，
想好补救措施。整件事情，闹闹确实有错，但也是受到别人的
怂恿，家长一定要和老师沟通事情的经过，对于被他吐了口水
的孩子，也要主动向对方道歉，这样才能让孩子收获正面结果。

　　第二，借机教育，帮助孩子健康成长。

　　很多时候，孩子闯祸了，家长都是气急败坏地一连串质问，
更多时候只是通过指责、反问来发泄自己不满的情绪，但对于
是非观并不完善的孩子而言，你的信息量太大，会让他们无所
适从。

心理学研究表明，当一个人情绪处于波动状态时，很难接受外界信息，别人说什么他都听不进去。如果孩子并没有犯下不可饶恕的错误，家长正好可以借此机会告诉他如何做才是正确的选择，下面这些沟通方式也许能够帮助孩子自我纠正。

第一，问孩子发生了什么事情，并站在孩子的角度来思考；第二，问孩子的感受，并引导孩子慢慢阐述，平复他们的情绪；第三，问孩子如果下次遇到类似的事情，准备怎么做。

一般情况下，当家长心平气和地跟孩子沟通完这三个问题后，孩子都能做到自省，并且也能勇于承认错误，久而久之，不仅孩子自我成长目的实现了，正确处理问题的方法也掌握了。

2. 成长就是不断犯错的过程

孩子的成长本来就是一个摇摇晃晃、跌跌撞撞，不断尝试、不断犯错的过程。作为家长的我们，没有理由去阻止孩子们试错，更没有理由人为帮孩子省略犯错的过程。

试错从某种意义上而言，就是孩子成长道路上的投资，他们在这个过程中投入了大量体力和脑力，从不断纠错的过程中寻找正确的道路，这是一个积极、有意义的投资。如果父母不给他们试错的机会和时间，或者在这个过程中采取了一些过激的行为，那对于孩子在成长过程中的自我摸索无疑是一种扼杀。

如何做智慧的父母，帮助孩子在犯错的过程中螺旋式成长呢？

第一，切忌公众场合呵斥孩子。

筱筱是一个非常胆小的孩子，一次爸爸妈妈带她去朋友家里玩，三个小朋友一起玩得很开心，但过了一会儿，突然一声巨响，父母们赶紧跑过来，原来孩子们在玩耍的时候不小心把一个花瓶给打碎了。另外两个小朋友为了逃避责任，都说是筱筱弄的，筱筱妈妈当场就把孩子严厉地指责了一顿，筱筱低着头，一句话也说不出来。回家后，筱筱妈妈接到了朋友的道歉电话，原来花瓶是她家孩子打破的。听完后，筱筱妈妈为冤枉孩子而感到十分自责，同时，更深深反思了自己的教育方法。

为什么筱筱会成为一个受了委屈还不敢吭声的孩子呢？筱筱的父母有着不可推卸的责任。研究表明：受过父母当众指责的孩子内心深处是非常自卑的，他还会将这种指责当成家常便饭，久而久之，就会失去反抗的能力和信心，即便不是自己犯的错，也不会为自己辩驳。在教育孩子的道路上，最忌讳的就是公众场合呵斥孩子，这种伤害往往是致命的，对孩子的现在及未来都会造成不可逆的负面影响。

第二，不当即揭穿孩子，让孩子越变越好。

电视剧《家有儿女》中有这样一个镜头：刘星在踢球时，把邻居家的汽车给砸了，他不敢告诉父母，然后想着自己凑钱赔偿。不过，邻居叔叔已经把这个事情告诉了刘星妈妈，刘星妈妈虽然很生气，但并没有说出来，而是通过观察看孩子要如何做。

在这点上，刘星妈妈的做法值得学习，孩子在犯错的时候其实已经很内疚了，并且也想到了相应的补偿办法，但对父母可能羞于启齿。这个时候，如果家长当面揭穿孩子，孩子颜面扫地就会恼羞成怒，让亲子关系变得很紧张，这对于解决具体问题并没有帮助。反之，装作不知道，冷眼旁观孩子的做法，反倒能锻炼他们自我纠错的能力，让孩子越变越好。

3. 当孩子说谎，父母要怎么办

根据加拿大多伦多大学儿童研究所的测试结果显示：20%的儿童在 2 岁的时候会说谎，3 岁时增加到 50%，4 岁时则接近 90%。而这些行为并不是孩子有意为之，更多时候是因为他们分不清现实与想象，所以会无意识地说出谎话。

不过，当孩子 6 岁以后，心智基本成熟，能够明确地区分现实与想象，撒谎多是有意为之，更多的是为了逃避责罚。针对不同年龄段孩子说谎的行为，家长一定要区别对待。

第一，6 岁前不给孩子贴任何标签。

亲子娱乐节目中，一个孩子因为古灵精怪圈粉无数，其中就有这样一个情节：孩子爸爸假装"喇叭之神"与他对话，说："你爸爸在哪儿，我想跟他聊聊天。"孩子在里面换声说："我就是爸爸。"

此时孩子的谎话能被贴上"说谎"的标签吗？显然是不能的。

不满 6 岁的小孩，想象力是非常丰富的，他们会把自己想象成任何一个人甚至是任何一种动物，并通过语言直接表达出来，这是孩子语言能力发展的一个重要标志。这个时候，家长一定不要给孩子贴上各种标签，可以适当地引导孩子用"假如"或"如果"来表达自己的想法，区分现实和想象，帮助孩子成功完成思维跳跃性发展。

第二，6 岁后加强亲子信任，肯定诚实行为。

无论是谁，说谎就表明他具备了比较复杂的逻辑思维能力，尤其是孩子。一个谎言，需要大脑在很短的时间内把"它"编出来，这需要具备一定解读他人心理的能力，还要有严谨的语言组织能力，毕竟"谎言"也是需要人"圆"出来的。

6 岁以上的孩子如果说谎，那他一定是做过很复杂的心理斗争，并且肯定也想好了解决方案。此时，家长不要急于责备孩子，首先要思考自身的问题，是不是因为孩子对自己不够信任，所以才导致说谎。

父母与孩子之间如果有足够的信任，孩子在犯错后就会选择坦白，而不是用谎言来糊弄家长。毕竟，撒谎不是孩子的天性，更多的是自我保护。

面对孩子的谎言，家长最需要做的就是重拾与孩子之间的信任关系，一旦孩子有勇气诚实表达的时候，家长一定要大加赞赏并表达自己的感激，谢谢孩子信任自己，还可以给孩子一个大大的拥抱，这样便能让孩子更有勇气保持他们的赤诚之心。

4.赏罚分明，让孩子提前了解规则

在家庭教育上，我们一直倡导鼓励和表扬，但是只有鼓励、表扬没有惩罚的家庭，也无法教育出好孩子。

关于惩罚，很多家长都是一肚子苦水。为什么每次狠心惩罚了孩子，但没几天孩子又再次犯错呢？为什么讲了半天大道理，孩子转身就忘了？这只能说明您的惩罚没有达到效果。

惩罚的目的是让孩子能知错改过，而不是通过罚来让孩子屈服，这就需要掌握正确的方法。

第一，有赏就要有罚，第一次犯错绝不姑息。

田田即将上幼儿园了，幼儿园老师为了更好地了解每一个孩子的情况，便安排了家访。在沟通的过程中，田田妈妈告诉

老师，孩子有一个不好的行为，就是喜欢咬人，这让她很担心。
老师比较有经验，便问田田妈妈："孩子第一次出现咬人是什
么时候，你们是怎么处理的呢？"原来，当田田第一次咬人时，
妈妈并没有做任何处理，被放纵的田田以为咬人是正常交往的
方法。于是喜欢一个小朋友会咬他，不喜欢也会咬人，这导致
周围没有一个人敢跟她玩。

赏罚分明是教育孩子最公平的方法，通过这种方法能让孩
子正视自己的错误，及时改正，尤其是孩子第一次犯错的时候。
田田妈妈第一次的不作为让孩子咬人成为惯性，也使后面的管
教变得更难。所以，家长在教育孩子的道路上，一定要注意孩
子的第一次犯错，决不能姑息，一定要采取有力的惩罚措施，
让孩子记忆深刻。

第二，在惩罚前先给孩子打"预防针"。

那么，什么是提前打预防针呢？提前与孩子协商制定奖惩制度，并通过文字的形式记录下来，粘贴到显眼的位置。尤其是惩罚这一项，要让孩子知道犯错后会接受到何种惩罚，比如：乱发脾气摔东西的时候，惩罚靠墙站半个小时；浪费食物的时候惩罚下一顿不准吃饭；写作业拖拖拉拉不专心时惩罚拍篮球或者跑步半个小时等等，只有这样，才能让孩子在日常行为中有所顾忌，减少犯错的概率。

需要提醒家长注意的是，在制定惩罚制度时，一定要严格规定惩罚的具体项目和时间，千万不要因为一时冲动瞎惩罚孩子，尤其是体罚孩子，这样不仅不能让孩子长记性，反而会让孩子产生混乱，甚至会记恨家长，造成不可逆转的恶果。

5. 今天的"破坏王"，明天的发明家

家长们有没有这样的经历：刚刚给孩子买了一套新的彩笔，转眼间他就以迅雷不及掩耳之势把自己的白 T 恤弄得五颜六色；新买的玩具，一眨眼的工夫被拆解得面目全非。每次跟孩子说要珍惜，他往往就是用一脸天真无邪的笑容看着你，说："看我厉不厉害！"

这时候的你，是不是哭笑不得，是不是经常走在崩溃的边

缘，心想着家里的钱也不是浪打来的，孩子怎么就能这么"败家"呢？

其实家长大可不必因为孩子的破坏行为而恼羞成怒。著名哲学家杜威说："科学的每一项巨大成就，都是以大胆的幻想为出发点的。幻想来源于认知，认知来源于实践，实践来源于不断的破坏。"换一个角度思考，家里的这个"破坏王"，说不定在未来会成为出色的"发明家"。

第一，适当培养，欣赏他的创造力。

物理学家霍金小时候并不是一位出众的学生，直到 12 岁也没有表现出比同龄人更强的学习能力，还经常因为作业不整洁、乱搞破坏，被老师认为是无药可救的孩子。在家的时候，霍金也经常把东西拆散，但却无法将其还原。然而，霍金的父母并没有责备他，反而很认真地跟他交谈，了解他的想法，尤

其是他的父亲，因为发现霍金对物理学非常感兴趣，还担任起了他的临时物理学老师，霍金因此也开启了他的科学探索之路。

从某种意义上而言，"破坏"正是孩子探索的过程和学习的方式。作为家长，需要欣赏他们与生俱来的创造力，适当培养，就像霍金的父亲一样，与孩子"并肩作战"，让他充满自信，从而由"破坏大王"变成"发明家"。

第二，全力辅助，让孩子学会破坏后的重建。

小泥鳅的爷爷退休后在家闲着无聊，每次看到小泥鳅把玩具拆坏以后就止不住拿去修一下，小泥鳅的妈妈看到爷爷还有这个本领，便对爷爷说："爸，您最好带着小泥鳅一起修。"爷爷自然很乐意。于是，每次小泥鳅把玩具拆坏后，就会跑到爷爷房间，跟爷爷一起修补，让坏了的玩具焕然一新。在爷爷的带领下，小泥鳅很快就能自己维修被破坏的玩具了。

很多时候，孩子拆玩具仅仅是为了研究玩具的运作，想探究玩具为什么会动，或者是从哪里发音，但孩子的能力有限，破坏后往往无法还原，当孩子再次想玩的时候，这个坏玩具可能早就被家长给扔掉了。

其实，家长一定要抓住机会，全力辅助孩子，帮助他们学会破坏后的重建，一来能够让孩子学会珍惜，二来也能让他们不再喜新厌旧，更重要的是锻炼了孩子的动手、动脑能力，无形中培养出一名小小"工程师"！

6. 在日常生活中让孩子学会自我控制

家长在教育孩子的时候，是不是总会发现孩子坐不住，注意力不集中；写作业的时候不认真，一会儿要上厕所，一会儿偷偷摸摸玩文具；在受到挫折的时候，异常愤怒，哭闹不止，等等。这其实都是孩子自我控制力缺失的表现。

缺少自我控制能力的孩子，特别容易受到各种主观因素的干扰，导致情绪激动，也难以专心致志地做好某件事情，这可能会成为孩子今后学习和成长中的最大障碍。

而培养孩子学会自我控制，需要家长从日常生活琐事做起，从自己做起。

第一，延迟满足，让孩子学会等待。

6岁的特特是个急性子，平时只要是需求得不到满足，就会大哭大闹。为了让特特有所转变，妈妈特意给他买了一包向日葵的种子，准备和特特一起栽种。种子种好后，特特很上心，每天都去看向日葵种子发芽了没有，并追问妈妈："妈妈，它什么时候发芽？"妈妈则告诉特特："耐心等一等，过几天就发芽了。"过了几天向日葵真的发芽了，特特又问："妈妈，它什么时候开花？"妈妈接着说："等一等，过几天就开花了。"

经过几轮等待，特特慢慢地变得不像以前那样急躁、不依不饶了。

对于孩子而言，跟他讲大道理说"学会控制自己的情绪，不要大哭大闹"往往行不通，但如果通过让孩子参与到某件事情当中，反复地给他强化"耐心等待"的概念后，孩子就会慢慢学会控制自己，尤其在体会了延迟满足的惊喜后，孩子焦躁的脾气也会有所改观，家长要做的就是自己慢下来，不急不躁。

第二，对待孩子的崩溃大哭，最好顺势而为。

小男孩柯柯和爸爸在客厅搭建积木，父子两人搭建了一个大大的城堡，柯柯很开心。可是，当妈妈从阳台收完被子经过客厅的时候，不小心碰到了城堡，城堡的尖角塌了，柯柯瞬间情绪崩溃。妈妈慌了，一边道歉，一边赶紧过来给柯柯把尖角补上，但当柯柯看到妈妈把黄色的积木补上去的时候，

却号啕大哭起来，一边哭一边说："不是这样的，不是这样的。" 妈妈不知如何是好，只能蹲下来轻声安慰柯柯。等他停止哭泣，妈妈才询问明白，原来之前的尖角是红色的，妈妈修补错了。

孩子们在意的东西肯定跟大人不一样，我们不能用自己的思想来判断孩子的瞬间崩溃原因。当您也遇到跟柯柯妈妈同样的问题时，可以这样跟孩子说："城堡被破坏了，我也很难过，你告诉妈妈这个城堡本来的样子，我陪着你一起将它还原好不好？"这个时候，再同孩子一起还原城堡，当他转悲为喜后再跟孩子说，以后遇事不要着急，学会控制自己的情绪。只有当孩子冷静下来后才能听得见你说的话，才能将你的建议收纳在脑海中。

很多生活事件都能教孩子学会自我控制，我们要把握好时机，让孩子在自己的生活中，慢慢学会等待，学会不着急，学会控制自己，进而减少犯错和闯祸的概率。

7. 受点挫折并不是坏事

孩子的一生很长，不可能没有挫折，与其让他遇到挫折后一蹶不振，不如让他建立强劲的耐挫力。

《阿甘正传》中有一句口头禅："妈妈总说生活就像一盒巧克力，你永远不知道下一块会是什么味道。"生活也是一样，家长无法预知孩子下一刻究竟会遇到什么，是高兴还是悲伤，是惊喜还是灾难，也不可能永远呵护孩子周全，所以，培养他的耐挫力就显得尤为重要。

　　第一，当孩子受挫时，给他足够的信任。

　　一天，小吉放学回家后，满脸不高兴直接去了书房，并把自己关起来。爸爸见状很纳闷，于是敲门进去询问情况。小吉哭丧着脸说："爸爸，你看，这上面写的就是蜗牛是世界上牙齿最多的动物，但是同学们都笑我，说我胡编乱造。"爸爸扶着小吉的肩膀，对他说："你明天可以拿着这本科普书去告诉你的同学，让他们看清楚。再者，你掌握的是正确的知识，真理在你手中，别人的嘲笑是没有意义的，不必理会就行了！"第二天，小吉便昂首挺胸地去找同学理论了。

　　孩子在学校的时候经常会因为受到嘲笑而产生比较消极的情绪。这时，家长一定要积极做好孩子心理健康教育。美国国家儿童发展科学委员会一项报告显示：一个孩子能否从上一件事中尽快恢复，最关键的是，他是否和养育他的成年人有着一段坚实稳定的互动关系。也就是说，当孩子受挫的时候，家长给予孩子的信任和安全感能够让他大胆地正视自己的感受，从而快速、自信地从"受挫"中走出来。

　　第二，用名人的故事激励孩子，提高受挫能力。

　　足球明星梅西从小的梦想就是成为职业球员，但是在 11 岁的时候，他被查出生长激素缺乏，会影响骨骼的生长，对他来说这无疑是一个致命的打击。但是，他并没有屈服，拼命地训练，最后，用实力征服了足球界。他自己也说："不要相信我能创造奇迹，但请相信我无畏逆境！"

　　巴顿将军也说：衡量一个人成功的标志，不是看他登到顶峰的高度，而是看他跌到谷底的反弹力。父母想要孩子有一个足够强大的内心，可以抽出时间多给孩子讲讲古今中外的名人们受挫的故事，教育孩子在面对逆境的时候，绝不要想着逃跑和放弃，要正视挫折、无惧风雨，从挫折和困境中寻找突破口，逆袭翻盘。榜样的力量是无穷的，只要孩子在心中树立了榜样，他便会向着榜样努力靠近，越挫越勇。

8.遭遇校园暴力，该出手时要出手

一位有名的女演员曾在一档节目中讲述自己小时候被凌霸的经历：那时她12岁，刚刚上初中，由于体型比较胖，跑步时经常被同学嘲笑说："小胖子，怎么那么胖还跑那么快。"写给朋友的信也被人恶意拦截并当着班上所有同学大声朗读出来；喝的水也被人恶意地添加粉笔灰、拖把水等等。

她在接受访问的时候说：类似的校园凌霸事件，就如同一把尖刀，深深地扎进自己心里，也让自己特别不自信，觉得自己什么都不是。

也许很多人会觉得不以为然，认为这仅仅是学生的恶作剧，但校园凌霸事件对受害者的伤害却是永久性的。忍受过校园暴力的孩子，心灵上都会有或多或少难以磨灭的创伤，甚至是一场终生难忘的痛。

那么，对于遭遇校园暴力，家长应该如何教育自己的孩子学会反抗呢？

第一，教孩子建立反霸凌意识，该出手时就出手。

校园凌霸的种类很多，不仅包括语言凌霸、身体凌霸，还有更多的隐形凌霸。孩子很多时候是不明白的，这就需要家长

能够在平时与孩子沟通的过程中，教育孩子面对被嘲笑、被抢东西、被排挤、被造谣、被打的时候，第一时间勇敢地说出来。如果自己无法解决的时候，一定要寻求老师、家长甚至是警察的帮助，从而帮助孩子树立起反凌霸意识。

第二，做孩子坚强的后盾，帮助他建立自信。

高尔基曾经说："心怀勇气的孩子，才能长成独当一面的参天大树。"而勇气往往来自于自信，有自信的孩子，才能遇事不卑不亢，反之，则会胆小退缩。而自信心的建立最主要的来源就是家人，一旦有了家人这个坚强的后盾，孩子自然就会自信、勇敢，在面对危险的时候第一时间反击。

第三，锻炼孩子的社交能力，鼓励他多交朋友。

一般情况下，容易被欺负的孩子往往是性格较为孤僻、沉默寡言的，而那些善于交际、朋友一大堆的孩子却很少被欺负。这是什么原因呢？欺负人的小孩往往也会掂量一下被欺负的对象，看看是不是自己能够欺负得了。所以，作为家长，想要自家孩子不被欺负，可以从锻炼孩子的社交开始，鼓励孩子多交朋友，从朋友那儿寻求帮助，也能有效避免被欺负。

第四，跟孩子一起坚持锻炼身体。

俗话说，打铁还需自身硬。如果想要不被欺负，就得有一个强壮的身体、健康的体魄。因此，我们要多带孩子锻炼身体，增强孩子的体能素质，让他长得结实高大，从而具备一定的自卫能力。

9. 在犯错中学会承担责任

对自己的行为负责，是父母需要教会孩子的一件非常重要的事情。与其对孩子的行为进行指责或者抱怨，还不如让他自己承担因不良行为导致的严重后果。孩子的任何一个举动，都会牵扯到很多人。著名教育学家茨格拉夫人说："必须让孩子懂得，他们的一举一动会产生不同的后果。"

家长如何利用孩子的错误，教他学习承担责任呢？

第一，就地观望，不要盲目当孩子的"挡箭牌"。

晚上丹阳写完作业后已经9点多了，妈妈让她洗漱睡觉，丹阳慌忙中忘记准备第二天的课本。结果第二天到校后，才发

现课本忘记带，于是请求老师赶紧给妈妈打电话，让妈妈把课本送过来。放学后丹阳还埋怨妈妈："妈妈，就是你催我，害得我忘记整理书包。"妈妈听后气不打一处来，对丹阳说："你自己东西不收拾还怨我，我以后再不管你了！"丹阳也很生气，说："不管就不管，谁稀罕！"母女两人不欢而散。

很多孩子在处理问题的时候，行为逻辑往往就是逃避、推卸责任，不会为自己的行为承担后果，这是什么原因呢？多半是因为一直以来，家长习惯性地帮孩子纠正错误，让他以为任何事情都有人帮他兜着，认为一句"没关系"就没事了，自己不用去承担任何后果。

然而，并不是所有的错误都能用一句"没关系"来抵消，所以，对于孩子所犯的错误，家长不应该去做"挡箭牌"，要让他学会为自己的行为负责。

第二，让孩子学会承担，不做"逃兵"。

美国前总统里根小时候有一次踢球，不小心把别人家的玻璃打破了，主人要求里根赔偿损失，里根找到爸爸，以为爸爸会帮他赔偿。结果，里根的爸爸说："我不会替你赔偿，你得自己去赔偿并道歉。"里根说："可是我没有那么多钱啊！"爸爸对他说："你要对自己的过失负责，我现在可以借钱给你，但是你必须利用暑假打工，把钱还给我。"于是，整个暑假，里根都在忙碌地送报纸和牛奶，终于把爸爸的钱还上了。

孩子在犯错的时候需要自己去弥补过错，虽然作为监护人的父母可以伸出援手，但一定要让孩子明白，父母的帮助只可以作为辅助，自己还得负全责。前苏联著名教育学家说："责任心是一种习惯性行为，也是一种很重要的素质，是做一个优秀的人所必需的。"只有当一个孩子懂得为自己的错误负责，并从中吸取经验教训时，才能建立责任心，有效避免再次犯错。

10. 用恰当的方式批评孩子

从家庭教育的角度上看，批评仅仅是一种手段，目的是让孩子明白道理，改正缺点，但很多家长却用错了方法，让孩子自尊心受到严重打击，也让亲子关系越来越紧张。如何采用正确的方法，做父母的需要好好学习。

第一，批评孩子的同时，给孩子解释的机会。

乐天的爸爸看到孩子用彩色笔在墙上画画，立马火大，拿起藤条就冲着孩子走过去，大声地呵斥："跟你说过多少遍了，不许在墙上乱画，不许乱画！"伴随着藤条的啪啪声，乐天的哭声也响起来。在厨房忙活的妈妈赶紧走过来，拉走爸爸，悄悄地说："你怎么就不分青红皂白呢？这个笔是他好朋友刚刚送给他的，可擦式彩笔，你自己看，他一边画一边擦，在试用呢！"

很多家长在看到孩子犯错误的时候，往往都是怒火中烧，不分青红皂白先批评一顿，甚至棍棒伺候，不给孩子任何解释的机会，剥夺了孩子解释的权利，也会产生更多的"冤假错案"。这不仅不会让孩子接受父母的建议，反而会让孩子沉浸在受委屈的情绪中无法出来。只有当家长认真地倾听，温柔地提醒，恰当地去提出批评，才能让孩子更好地接受，并及时更改。

第二，变批评为表扬，将责备变期望。

在一次学校开展的演讲大赛上，林玄上台演讲，不小心把"蔡桓（huán）公"念成"蔡恒（héng）公"，闹了笑话。回家后他很不开心。妈妈对他说："宝贝，妈妈发现你现在学

会独立思考了，虽然可能是上课没有听清，没记住"桓"字的读音，但能够看出形近字，已经是很大的进步了！如果你以后认真听讲，一定会更厉害的！"听到了妈妈这样说，林玄顿时舒服很多。

有时候，训斥并不能让孩子改掉错误。试想，如果妈妈先将林玄指责一通："这么简单的字你都读错，上课去干嘛了？是不是又溜号了？"孩子本来就沮丧的心情会更加雪上加霜。但换一种方式，将批评改为赞扬，让孩子在轻松且愉快的情绪中认识自身的不足，并通过鼓励的方式，让孩子在有所期许的心态下改掉不好的行为习惯，这样才能更好地促进孩子的成长。

批评是一门艺术，只有恰当合适，才能让孩子真心接受，任何一个孩子都不缺缺点，也不缺优点，需要的是父母有一双发现的眼睛。减少批评，增加鼓励，才能让孩子发现自己的闪光点，朝着更好的方向去努力！